Auftakt 2
Get ahead in German

Alltag

Helga Adams, Eddie Lawler and Wolfgang Keinhorst

Freizeit

Irmgard and Sydney Thorne

D1340802

The Open University
centre for **MODERN LANGUAGES**

Hodder & Stoughton
A MEMBER OF THE HODDER HEADLINE GROUP

Writers

Helga Adams is a Senior Lecturer in German
Eddie Lawler is a Language Consultant
Wolfgang Keinhorst is a Senior Lecturer in German
Irmgard and Sydney Thorne are freelance educational authors

Language and German Studies Consultant

Ragnhild Gladwell, Goethe Institut, London

GOETHE
INSTITUT

Open University

Book Co-ordinator and Course Chair, Lore Arthur
Academic Editor, Monica Shelley

Acknowledgements

The course team would like to thank Stephen Hagen, Course Chair 1994–5, who was responsible for the initiation and early development of *Auftakt*, and Eva Kolinsky, Professor of Modern German Studies, Keele University for her support in the development of the course. Our thanks also to Margaret Winck of Tübingen and Christoph Sorger of Leipzig for help and support in the preparation of the audio-visual material and for all the information and contacts which they provided. Thanks, too, to all the people of Tübingen and Leipzig who took part in the filming and recording in this course.

This book is part of the Open University course L130 *Auftakt*. If you would like more information about the course, or details of how to enrol, please write or call The Course Reservations Centre, PO Box 724, Walton Hall, Milton Keynes, MK7 6ZS. Tel: 01908 653231.

A catalogue record for this title is available from the British Library

ISBN 0 340 67330 3

First published 1996

Impression number 10 9 8 7 6 5 4 3 2

Year   2005, 2004, 2003, 2002, 2001, 2000

Copyright © 1996 Open University

All rights reserved. No part of this publication may be reproduced or transmitted in any form or by any means, electronic or mechanical, including photocopy, recording, or any information storage and retrieval system, without permission in writing from the publisher or under licence from the Copyright Licensing Agency Limited. Further details of such licences (for reprographic reproduction) may be obtained from the Copyright Licensing Agency Limited, 90 Tottenham Court Road, London W1P 9HE.

Typeset and designed by David La Grange.

Printed in Spain for Hodder & Stoughton Educational, a division of Hodder Headline Plc, 338 Euston Road, London NW1 3BH and for The Open University by Graphycens.

Contents

Acknowledgements

Cover illustration by Volker Sträter. Illustrations by David Hancock, Claire Herroneau and Sasha Lipscombe.

The authors and publishers would like to thank the following people for their permission to use copyright material:

p13: Mütter zwischen Beruf und Familie, *Das Neue* 23/94; p18: 'Mit dem Schlafsack ins Büro', 'Freizeit im Sommer' and 'Harte Arbeit, langer Urlaub' from 'Flexible Arbeitszeiten', *impulse* 6/94; p23: 'Das Ansehen der Spitzenberufe', Nr 1584 GLOBUS-Kartendienst GmbH; p24: 'Simone Vogt …' and 'Brigitte Carstens …' from 'Versicherung, Reise, Verlag oder Schiffsfahrt …', *Brigitte Young Miss*, 2/95; p40: Handwerk hat goldenen Boden' from 'Berufe Trend', *Stern* 4/95; p50: 'Als ich elf Jahre alt war …' from 'Der Anschluss für den Abschluss … Jetzt durch Starten', Jugendamt, Stadt Duisburg; p71: 'Nun kommen Ostdeutsche Kleidermacher in Mode' from 'Uns kriegt keiner mehr weg', *Stern* 30/11/95; p75: 'Nur wenige Jobs' from *TAZ* Nr 4793, 7/12/95, Associated Press GmbH; p82: 'Gesellige Tänze' and 'Einführung in die EDV', p83: 'Die Wunderwelt des Waldes' and p86: Informationen für unsere Teilnehmerinnen und Teilnehmer', Volkshochschule Tübingen; p96: '1885 spannte William G. Morgan ...', 'Der Internationale Volleyball Verband …' and volleyball stamp from *Jugendmagazin Stafette* 4/95; p104: 'Wo machen Sie dieses Jahr Urlaub?' from *Leipziger Volkszeitung* 2–3/7/94; 110: 'Facts', Jugendferienwerke Mannheim e.V.; p111: Gasthaus-Pension 'Zum Stern', Familie Hückmann; p112: Bauernhof-Pension Brandt, Familie Brandt; p113: Bauernhof-Pension Tilly, Familie Tilly; p119: 'Genuss ohne Reue', p120: 'Deutsche Küche', p121: 'Souvenirs' and 'Tischleindeckdich' from 'Grüne Ferien', *Junge Zeit* 6/94; p124: 'Der Radwechsel' by Bertolt Brecht, from *Gesammelte Werke* © Suhrkamp Verlag Frankfurt am Main 1967; p127: 'Osnabrück', *Freundin* 22/93; p136: 'Thomaskircher Motette' from 'Wir Thomaner', Alumnat des Thomanerchors, Leipzig; p142: 'Musikstadtführer-Karte', Leipzig Tourist Service e.V.; p150: 'Die Landschaften Deutschlands …' from *Tatsachen über Deutschland*, Societäts-Verlag, Frankfurt.

The authors and publishers would like to thank the following people for permission to reproduce their photographs:

Cover photograph: Rheinturm, Düssseldorf © Stephen Studd/Tony Stone Images. p40: Handwerk hat goldenen Boden', *Stern* 4/95/SOA; p42: Gottlieb Daimler and Carl Benz © Mercedes-Benz-Foto; p81: Volkshochschule, Tübingen; p104: Helmut Lunau © Wolfgang Zeyen, Großdeuben, Leipzig; p107: Monica Shelley; p119: 'Genuss ohne Reue' (Reflexion), p120: 'Deutsche Küche' (Hackenberg) and p121: 'Souvenirs' (Vidler) and 'Tischleindeckdich' (Pigneter) from Mauritius Bildagentur, Mittenwald; p127: Osnabrück Stadtansicht, Amt für Marketing und Tourismus, Stadt Osnabrück; p129: York, Photographer's Library; p136: Thomanerchor, Leipzig. All other photos are stills from the *Auftakt* video.

Every effort has been made to trace and acknowledge ownership of copyright. The publishers will be glad to make suitable arrangements with copyright holders whom it has not been possible to contact.

What is *Auftakt*?

Auftakt is a German course for individual adult learners studying on their own without the support of a classroom teacher, but is also suitable for use in adult education classes. It aims to help you, the learner, develop confidence in speaking, listening, reading and writing German, so that you will be able to communicate effectively and accurately in German. When you have worked through all four books you should have achieved a language level equivalent to just below A level standard.

How much German am I expected to know?

At the beginning of the course it is assumed that you will have an elementary knowledge of German. This means that you should be able to get by when visiting a German-speaking country and understand simple German speech in everyday contexts. You should have achieved the approximate level of GCSE or the equivalent of a rusty O level, either through formal classroom teaching or through regular contact with native speakers of German.

What does *Auftakt* consist of?

Course books

Auftakt consists of four graded books, *Auftakt 1*, *2*, *3* and *4*. The books are carefully structured to assist the learning process and can either be used separately or studied in sequence. They are divided into two sections, each with a distinct theme (*Thema*), and each *Thema* consists of four parts (*Teile*). The *Themen* are numbered sequentially through the course. The first three *Teile* introduce and practise new topics, language structures and grammar items, while the fourth provides revision and consolidation. Each *Teil* is further divided into three units, with one unit (*Lerneinheit*) representing roughly two hours of study.

Clear introductions, study charts and precise instructions will guide you through each part and activity of the course. In *Auftakt 1* and *2* these instructions are in English, but in *Auftakt 3* and *4* most of them are in German. In addition, there are study tips (*Lerntips*) to help you learn the language more effectively, and cultural background notes (*Wissen Sie das?*).

You will find a *Checkliste* at the end of *Teile 1–3*, which summarises the key learning points. Answers for each activity are provided at the end of the book in the *Lösungen* section. Both the *Lösungen* and *Checkliste* are designed to help you assess your progress through the book or throughout the course.

Audio-visual material

A 30-minute **video** accompanies each book. Filmed in two German towns – Leipzig, an industrial city in the east, and Tübingen, a smaller university town in the south – the video features a wide variety of German people talking about their ways of life, their work, their interests, their hopes for the future. Occasionally, where the language may be slightly difficult, German subtitles have been added. All video sections are clearly numbered for ease of use.

Two **audio cassettes** accompany each book. Cassette One opens with an episode of the drama (*Hörspiel*), which runs throughout the course. This is followed by a documentary feature (*Hörbericht*) linked to the main theme of each *Thema*. Both the drama and feature sections are followed by simple fluency and pronunciation activities and can be used independently of the course book. Cassette Two (*Übungskassette*) consists of numerous speaking and listening exercises, which are closely integrated into the main course-book activities.

Transcript booklets

There is a separate transcript booklet, containing transcripts of both the video and audio cassettes which accompany each book. The language is transcribed as it is actually spoken, that is with hesitations, incomplete utterances, repetitions and, occasionally, incorrect German.

Additional resources

To study *Auftakt* you will need a grammar book and dictionary. The writers of this course have referred to *The Oxford German Grammar* by William Rowlinson (available in paperback and mini-reference form) and the new *Langenscheidt Standard German Dictionary*. Furthermore, you will find the Open University's *The Language Learner's Good Study Guide* full of useful advice on all aspects of language learning.

German spelling

The German federal states agreed to introduce changes in the spelling of some German words from 1 August 1998. The reform, which aims to simplify German spelling, is based on recommendations of a commission set up in 1988 by the Austrian government. The commission consisted of experts from Germany, Belgium, Denmark, Italy, Liechtenstein, Luxembourg, Austria, Romania, Switzerland and Hungary. The new rules are now taught in German schools and from 2005 will be correct usage for all official and educational materials. They have therefore been applied to the *Auftakt* course materials, except in some cases where authentic material in the old spelling has been reproduced.

Viel Spaß und Erfolg beim Deutschlernen!

DÄNEMARK

OSTSEE

Nordfriesische Inseln

NORDSEE

• Husum

Kiel •

Schleswig-
Holstein

• Rostock

Lübeck •

Mecklenburg-
Vorpommern

Ostfriesische Inseln

Norden •

• Bremerhaven

• **Hamburg**

POLEN

Amsterdam •

• **Bremen**

Niedersachsen

Ems

Berlin •

NIEDERLANDE

• Hannover

Brandenburg

Salzgitter • Magdeburg •

Elbe

Nordrhein-
Westfalen

Sachsen-
Anhalt

Duisburg •

BUNDESREPUBLIK
DEUTSCHLAND

• Dortmund

• Leipzig

• Essen

Sachsen

Düsseldorf •

• Wuppertal

Rhein

Maastricht •

Köln •

• Erfurt

Dresden •

BELGIEN

Bonn •

Hessen

Thüringen

Koblenz •

• Frankfurt

LUXEMBURG

Rheinland-
Pfalz

Mainz •

Main

TSCHECHISCHE
REPUBLIK

• Prag

Luxemburg •

Saarland

• Mannheim

• Nürnberg

Mosel

Saarbrücken •

Bayern

Regensburg •

• Stuttgart

Ingolstadt •

Nancy •

Straßburg •

Tübingen •

Ulm •

Donau

Linz •

FRANKREICH

Baden-
Württemberg

• München

ÖSTERREICH

Freiburg •

Mülhausen •

Schaffhausen •

• Salzburg

Basel •

Zürich •

km

SCHWEIZ

LIECHTENSTEIN • Innsbruck

Vaduz •

0   150

Bern •

Alltag

Thema 3 is about working life in different parts of Germany. You will see, hear and read about the lives of people in a wide range of different occupations. They include a young violinist from the world-famous Leipzig Gewandhaus Orchestra, a building project manager on the new *Messegelände* in Leipzig, a taxi driver who has built his own house in his spare time, a farmer from the Tübingen area, the boss of a successful fashion house, and many others. They will be talking about their daily routines, their past and present careers and their hopes for the future.

In *Teil 1, Tagesablauf*, you will be looking at daily routines in the context of work. In *Teil 2, Berufe und Berufsbilder*, you will look at the wider context of careers, and in *Teil 3, Beruflicher Werdegang*, the way in which people develop their careers. *Teil 4, Wiederholung*, provides revision and reinforcement of what you have worked on during *Teile 1–3*.

In the audio drama (*Hörspiel*), *Begegnung in Leipzig*, Sonja reveals to Bettina that she already knows Thomas, and Thomas and Bettina have their first date at the Moritzbastei, an atmospheric student club in the heart of Leipzig.

By the end of *Thema 3*, you should have gained confidence in using the language of work. You should also be able to use the language needed for telephoning and making appointments.

Teil 1

Tagesablauf

In *Teil 1* you will follow the working days of different people who live in or near Leipzig and Tübingen. As you will see, these vary enormously.

Lerneinheit 1, Tagesanfang und Arbeitsbeginn, deals with aspects of daily routines. *Lerneinheit 2, Tagsüber*, takes you through the day's work, with a brief look at particular problems for working mothers. *Lerneinheit 3, Flexible Arbeitszeiten*, looks at some aspects of changing work patterns in Germany.

By the end of *Teil 1*, you should be able to describe your own and other people's work routines, be proficient in talking about times of the day, and be able to give and obtain information about different aspects of the working day.

Lerneinheit 1 Tagesanfang und Arbeitsbeginn

In *Lerneinheit 1* you will watch and listen to people with different kinds of jobs talking about their daily timetable and routines. This will help you learn how to describe your own day and what you do in it.

The first topic, *All in a day's work*, which is based on the video, will give you the opportunity to analyse different job routines. A different kind of routine is outlined in the second topic, *Working part time*. The third topic, *Writing about your day*, should help you to practise the language you have covered in this *Lerneinheit*.

STUDY CHART

Topic	Activity and resource	Key points
All in a day's work	**1–2 Video**	working on the video about people's work and checking you've understood it
	3–4 Video	recording the detail of people's daily routines
	5 Video	checking you've understood the detail of a daily routine
Working part time	**6 Text**	reading about a different kind of daily routine
	7 Video	comparing text with video
Writing about your day	**8 Text**	practising reflexive verbs by providing answers in a dialogue
	9 Text	writing about your own routine

00:00–09:47

In the first topic you will be working on the video linked to *Thema 3*. These activities are designed to help develop your listening skills. You will be asked to listen either for gist (general comprehension), or for detail, where you will be looking for specific words or structures.

Dorothea Vogel ist in Rostock an der Ostsee geboren und hat in Leipzig an der Hochschule für Musik studiert. Sie arbeitet seit 1990 als Geigerin im Gewandhaus-Orchester.

Thomas Walter ist Bauingenieur von Beruf. Er ist verheiratet und hat eine 2-jährige Tochter. In seiner Freizeit liest er gern.

Wolfgang Fritz ist Glaser von Beruf und arbeitet bei seinem Vater in Tübingen.

Peter Bosch ist Landwirt. Er hat seinen Bauernhof vor den Toren Tübingens. Dort betreibt er ökologische Landwirtschaft.

In the first two parts of the video you will meet Dorothea Vogel and Thomas Walter from Leipzig, and Wolfgang Fritz and Peter Bosch from Tübingen. On the left hand side of the table below you will find three subject areas: job, family and daily routine. As you watch the first two parts of the video, put a cross under the relevant name if you hear the person mention any of these three subjects.

	Thomas Walter	Dorothea Vogel	Wolfgang Fritz	Peter Bosch
Job				
Family				
Daily routine				

2

00:00–09:47

Now look at the vocabulary, watch the same video sequence again and answer the questions below in English.

die Wiese (-n) *field*	**eine gewaltige Leistung (-en)** *a tremendous achievement*	**so etwas ist machbar** *it is possible, it can be done*
der Erdbau *excavation*		
hinstellen *to put up, erect*		

1 What does Dorothea Vogel think about her work?
2 Where does Thomas Walter work?
3 What does Thomas Walter say happened last November in Leipzig?
4 Where is Peter Bosch's farm situated?
5 What kind of firm does Wolfgang Fritz work for?

3

01:26–02:34

In the first two activities you listened to get the gist of the video. Activities 3 and 4 require you to listen for detail to find out about Thomas Walter's and Wolfgang Fritz's working days.

Look at the vocabulary, watch the video again and match up Thomas Walter's activities with the appropriate time.

in der Regel *as a rule*	**nachgucken** *to have a look, check*	**über Funk** *over the radio*
das Messegelände *exhibition centre, the site of the trade fair*	**was ist zu erledigen** *what needs to be done*	**der Rundgang (¨e)** *a walk around, tour*
das Büro aufsuchen *to go to the office*	**ich bespreche mich mit meinem Polier** *I talk to my site foreman*	**etwas festlegen** *to determine or decide something*

1 zwischen halb fünf und fünf
2 nach dem Frühstück

3 in zwanzig Minuten
4 zwischen halb neun und neun

a Er fährt auf das Messegelände.
b Er macht einen Rundgang über das Messegelände.
c Er steht auf.
d Er kommt über die Autobahn auf das Messegelände.

4

07:17–08:18

Now watch and listen to Wolfgang Fritz and write down what he did against the appropriate time on the following page, using the words given. Each gap represents one phrase.

der Tagesablauf (¨e) *daily routine*	**es geht ... weiter** *it carries on ...*	*The expressions *Feierabend haben* and *Feierabend machen* are used to indicate the end of work, regardless of the time of day. *Freitags mache ich normalerweise um 14.30 Uhr Feierabend.*
es geht los mit ... *it starts with ...*	**der Betrieb (-e)** *the firm/business*	
Feierabend* haben *to finish work*	**die Büroarbeit erledigen** *to deal with the paperwork*	

1 sechs Uhr _____

2 sieben Uhr _____

3 von neun bis halb zehn _____

4 von halb zehn bis halb eins _____

5 von halb eins bis halb zwei _____

6 um siebzehn Uhr _____

7 nach siebzehn Uhr _____

> mit der Arbeit beginnen • Feierabend haben • wieder arbeiten •
>
> Mittagspause haben • aufstehen • Büroarbeit erledigen • Frühstückspause haben

5

02:34–03:38

In this activity you will listen for detail again. In the video, Dorothea Vogel talks about her unusual work pattern. Read the statements below, then watch the video and decide which single statement is correct in each group, putting a cross in the relevant box.

keinen geregelten Tagesablauf *no regular daily routine*

die Probe (-n) *rehearsal*

die Aufführung (-en) *performance, show*

bis zum Ende beschäftigt *busy to the end*

zwischendurch *in between*

der Feiertag (-e) *public holiday*

häufig *often*

1 a Dorothea Vogel arbeitet immer von acht bis sechzehn Uhr. ❑

  b Dorothea Vogel hat normalerweise um sechzehn Uhr Feierabend. ❑

  c Dorothea Vogel hat keinen geregelten Tagesablauf. ❑

2 a Sie hat normalerweise bis zehn Uhr Probe. ❑

  b Sie hat normalerweise um zehn Uhr Probe. ❑

  c Sie hat morgens normalerweise zehn Proben. ❑

3 a Sie hat abends nie Proben. ❑

  b Sie hat abends immer Opern- oder Konzertaufführungen. ❑

  c Sie hat abends entweder Proben oder Aufführungen. ❑

4 a Sie hat nachmittags meistens etwas Freizeit. ❑

  b Sie ist von mittags bis abends beschäftigt. ❑

  c Sie ist nur abends beschäftigt. ❑

5 a Sie hat normalerweise ein freies Wochenende. ❑

  b Sie arbeitet nie an Feiertagen. ❑

  c Sie muss oft an Wochenenden und Feiertagen arbeiten. ❑

6

Here, Renate Baumeister writes in some detail about her family's morning routine. She uses some more expressions to do with starting the day. First read the text, then find and note down the German equivalents to the phrases given in the list overleaf.

Bild links: Renate Baumeister ist Hausfrau und arbeitet auch als Erzieherin in einem Kindergarten. Frau Baumeister hat drei Kinder: Lucy, Max und Till.

Bild rechts: Hans-Peter Baumeister kommt aus Norddeutschland. Er arbeitet an der Universität in Tübingen.

je nachdem
here: depending on whether

sich entspannen
to relax

währenddessen
in the meantime

Also ich wache als Erste auf, meistens noch bevor der Wecker klingelt, so um Viertel nach, zwanzig nach sechs. Ich wecke dann zuerst die Kinder und danach gehe ich gleich ins Bad. Meistens dusche ich mich sofort, je nachdem ob ich arbeite oder nicht. An den Tagen, wo ich frei habe, warte ich oft, bis die Familie aus dem Haus ist, und nehme dann ganz gern ein Bad; dabei kann ich mich so richtig entspannen.

In der Zwischenzeit sind auch die Kinder aufgestanden. Die waschen sich dann, mal mehr, mal weniger, wie das so ist mit Kindern. Die zwei Älteren ziehen sich alleine an, aber dem Till muss ich noch dabei helfen.

Währenddessen hat mein Mann schon die Zeitung aus dem Briefkasten geholt. Ohne Zeitung beim Frühstück wäre mein Mann nicht glücklich. Er deckt dann auch den Tisch, macht das Frühstück für die ganze Familie. Wir frühstücken eigentlich immer gemeinsam. Nach dem Frühstück geht's dann immer schnell. Die Lucy muss als Erste aus dem Haus, danach dann der Max, und der Till muss in den Kindergarten gebracht werden.

Wenn ich arbeite, macht das mein Mann. Ich räume dann noch schnell auf und gehe dann als Letzte aus dem Haus. Das ist meistens so um acht Uhr.

Zum Glück bin ich nicht voll berufstätig, und deshalb gibt es auch Tage mit weniger Stress.

1 I'm the first one to wake up.
2 I wake the children up.
3 Usually I take a shower.
4 I quite like to take a bath.
5 The children get washed.
6 The two older ones get dressed on their own.
7 Lucy has to leave the house first.
8 I tidy up quickly.

12:58–13:34

In the third part of the video you will see and hear Frau Baumeister talking about the start to the day in the Baumeister household. Watch the video, then compare what she says there with what she wrote in Activity 6. Write down all the activities she does **not** mention on the video. You should be able to find six.

USING reflexive verbs

When people talk about their daily routine, they use expressions such as:

die Kinder waschen *sich* (*the children wash* **themselves**)

ich kann *mich* **entspannen** (*I can relax* **myself**)

ich ziehe *mich* **an** (*I dress* **myself**)

In German, verbs such as *waschen, entspannen, anziehen* require a reflexive pronoun, for example *mich* (myself), *sich* (himself/herself) or *uns* (ourselves). This is because the direct or indirect object of the verb is the same as the subject. Here are two more examples:

ich wasche *mich*   *I* (subject) *wash* **myself** (object)

Frau Baumeister zieht *sich* **an**   *Frau Baumeister* (subject) *dresses* **herself** (object)

Some English verbs also require a reflexive pronoun though, as you will have noticed, these are not always the same as in German. All the reflexive pronouns are listed below:

sich entspannen *to relax*

ich entspanne *mich*	**wir entspannen** *uns*
du entspannst *dich*	**ihr entspannt** *euch*
er/sie/es entspannt *sich*	**sie entspannen** *sich*

USING inversion

When describing your daily routine, you will need words such as 'first', 'then', 'afterwards', which help you to organise the sequence of events. In German, words of this kind are often used at the beginning of a sentence. This changes the word order, as the following examples show:

Ich (subject) **wasche mich** (object).

Normalerweise wasche (verb) **ich** (subject) **mich** (object).

Here, the verb (*wasche*) is the second idea in the sentence, followed by the subject (*ich*). This is referred to as inversion or inverted word order. Inversion is used a great deal in German, particularly when the first idea in the sentence (*normalerweise*) is emphasised. You must use inversion if you want to organise sequences of events and start your sentence with, for example, the word *zuerst*:

zuerst → **dann** → **danach/anschließend** → **zuletzt**

first → *then* → *after that/afterwards* → *finally*

Zuerst wasche ich mich. Dann lese ich die Zeitung. Anschließend ziehe ich mich an.

8 This activity will help you practise using reflexive verbs with expressions of time, by describing a daily routine. You will need to remember the importance of inversion. Write down the answers in German to Frau Neumann's questions overleaf – suggestions are given in English. Then read the whole conversation aloud for speaking practice.

Frau Neumann	Entschuldigen Sie, ich mache ein Interview über den Tagesablauf der Mitarbeiter hier in dieser Firma. Würden Sie bitte die folgenden Fragen beantworten? Wann klingelt bei Ihnen normalerweise der Wecker?
Sie	*(Usually at half past five.)*
Frau Neumann	Und was machen Sie dann?
Sie	*(I listen to the radio.)*
Frau Neumann	Und wann stehen Sie dann auf?
Sie	*(I get up at six o'clock.)*
Frau Neumann	Was machen Sie zuerst?
Sie	*(I make a cup of tea.)*
Frau Neumann	Und anschließend?
Sie	*(I have a shower and get dressed.)*
Frau Neumann	Nehmen Sie sich Zeit für das Frühstück?
Sie	*(No, I have to tidy up, unfortunately.)*
Frau Neumann	Was machen Sie dann?
Sie	*(I go to work by bus. I commute into town every day.)*
Frau Neumann	Und am Wochenende? Stehen Sie dann auch so früh auf?
Sie	*(No, I lie in the bath and relax for an hour. Then I get dressed and have breakfast with my family.)*
Frau Neumann	Vielen Dank für Ihre Hilfe. Auf Wiedersehen.

9 In *Lerneinheit 1* you have come across a lot of language used for describing daily routines, such as getting up, getting ready for work or school. Now it's your turn to practise some of these expressions. Write a short account of about 100 words, describing your own daily routine. Try to include the vocabulary given below.

- normalerweise stehe …
- der Wecker
- zuerst …
- Radio hören
- fernsehen
- danach muss ich …
- anschließend
- frühstücken
- baden, duschen
- Zeitung lesen
- aufräumen
- aus dem Haus gehen

Lerneinheit 2 **Tagsüber**

In *Lerneinheit 2* you will be working on describing the detail of daily routines. The examples of routine given here reflect three very different experiences. The topics are called *A day in a doctor's life*, *A special day* (about birthdays) and *A working mother's day*.

By the end of *Lerneinheit 2*, you should be able to describe daily routines and activities, and have revised the use of pronouns and prepositions.

STUDY CHART

Topic	Activity and resource	Key points
A day in a doctor's life	1–2 *Übungskassette*	checking you've understood an account of a doctor's routine
A special day	3 Text	practising using expressions of time
	4 Text	reporting on your birthday in the past tense
	5 *Übungskassette*	talking about your birthday
A working mother's day	6–7 Text	checking you've understood an article about a working mother
	8–9 Text	practising pronouns and prepositions

  Dr. Berger lives near Tübingen and is a G.P. He has his own practice. In *Hörabschnitt 1* he tells you about the start of a typical working day. This activity aims to help you to revise word order. Read the questions below and then listen to the *Hörabschnitt*. Write your answers in German, using complete sentences.

   1 Wann steht Dr. Berger auf?

   2 Was macht die Familie nach dem Aufstehen?

   3 Wie kommen die Kinder zur Schule?

   4 Wann fährt Dr. Berger zur Arbeit?

   5 Wie lange dauert die Fahrt zur Praxis?

 Now listen to the rest of Dr. Berger's account in *Hörabschnitt 2* and match the times overleaf to the appropriate activities. This activity will help you to identify and revise times of the day, including approximate times.

Diagnostik von Erkrankungen
diagnosing illnesses

die allgemeine Sprechstunde
general surgery hours

erforderlich *necessary*

beaufsichtigen *to supervise*

der Bericht (-e) *report*

das Nachtessen (-) *supper*

Geschichten vorlesen *to read stories (to someone else)*

1	bis etwa neun Uhr, zehn Uhr	**a**	er fährt wieder in die Praxis
2	etwa bis halb eins	**b**	er geht ins Bett
3	gegen 16 Uhr	**c**	er diagnostiziert Erkrankungen
4	bis etwa 18.30 Uhr	**d**	er kommt nach Hause
5	etwa gegen 19 Uhr, 19.30 Uhr	**e**	da ist die allgemeine Sprechstunde
6	etwa gegen 22 oder 22.30 Uhr	**f**	da ist die Nachmittags-Sprechstunde

---

Dr. med. Th. Berger
Internist

Sprechzeiten
Mo.– Fr. 9–12 Uhr mit Voranmeldung
Mo. + Mi. 16–18 Uhr
Fr. 14–16 Uhr

Ärztehaus 7
72119 Ammerbuch   Tel. 07073 7483

USING expressions of time

When talking about your daily routine, you will probably want to define times in different ways. You may want to be precise – at 6.15 – or more vague – at about seven o'clock. You may also want to pick out a block of time (from seven to nine o'clock) or define a particular time in relation to events which preceded or followed it (shortly before supper, after morning surgery). Here are some examples worth noting down in your *Notizbuch*. You will recognise some of these, as they were used by Dr. Berger in *Hörabschnitte 1* and *2*.

Giving a precise time of day

um	*at*	**Mein Tag beginnt um sechs Uhr früh.**

Giving an approximate time of day

All these words mean 'about' or 'around' in relation to time:

gegen	**Ich fahre selbst gegen sieben Uhr fünfzehn in die Praxis …**
etwa	**… bis etwa 18.30 Uhr**
etwa um	**Mittagspause ist etwa um 12.30 Uhr.**
etwa gegen	**Feierabend ist etwa gegen 17 Uhr.**
so um	**Vielleicht ist sie so um 7 Uhr da.**
so etwa um	**Die Kinder kommen so etwa um eins aus der Schule.**
ungefähr um	**Feierabend ist ungefähr um 5 Uhr.**

Talking about a block of time

von … bis	*from … to*	**Wir arbeiten von 7 Uhr bis 9.30 Uhr.**
zwischen … und	*between*	**Zwischen zwölf und halb eins ist Mittagspause.**

CONTINUED ‖‖▶

Defining time in relation to other events

vor dem/der *before*   **Vor der Arbeit frühstücke ich.**

nach dem/der *after*   **Nach dem Essen gehe ich zurück zur Arbeit.**

kurz vor *shortly before*   **Kurz vor acht fange ich im Büro an.**

kurz nach *shortly after*   **Kurz nach vier ist Feierabend.**

In the next two activities you will get a chance to use these expressions.

3 Imagine it is your birthday and you have decided to do something completely different from usual. You are feeling lazy and want to really enjoy your day. Match the time expressions on the left with the assorted activities on the right, making sure they make sense. You will find that sometimes there are plenty of options to choose from, occasionally only a few.

a 17 Uhr, ins Café gehen

b Mitternacht ins Bett fallen

c Punkt 19.45 Uhr ein Taxi bestellen

d zum Konzert fahren

e 18 Uhr arbeiten

f 6.30 Uhr aufstehen

g dem Anziehen Zeitung lesen

h der Arbeit aufräumen

i ein Uhr Mittagessen kochen

j im Büro anfangen

k dem Frühstück die Rechnungen bezahlen

l 10 Uhr/12 Uhr die Post erledigen

m dem Frühstück im Bad entspannen und Zeitung lesen

n ein Stündchen schlafen

o 22 Uhr mit Freunden essen gehen

p 12 Uhr/14 Uhr Freunde im Café Einklang treffen

q zwei Stück Schwarzwälder Kirschtorte mit Sahne essen und ein Kännchen Kaffee trinken

r achtzehn Uhr, ein Glas Sekt trinken

1 kurz vor

2 kurz nach

3 um

4 so etwa um

5 zwischen … und

6 dann

7 vor

8 nach

9 anschließend

10 gegen

11 von bis

12 so etwa gegen

In Activity 5 you will be answering a friend's questions about what you did on your birthday. To help you prepare for this speaking activity, put the verb in each of the following sentences into the perfect tense.

1 Ich bleibe bis etwa 10 Uhr im Bett.

2 Ich trinke ein Glas Sekt.

3 Ich höre Musik.

4 Nach dem Frühstück entspanne ich mich im Bad.

5 Ich lese die Zeitung.

6 Nach dem Mittagessen gehe ich schwimmen.

7 Kurz vor fünf gehe ich ins Café.

8 Ich esse zwei Stück Sahnetorte.

9 Anschließend schlafe ich ein Stündchen.

10 Ich bestelle ein Taxi.

11 So etwa um 10 Uhr treffe ich meine Freunde im Restaurant.

Now listen to *Hörabschnitt 3* on the *Übungskassette* and answer the questions about a slightly different sort of birthday in the pauses given.

READING texts

You can make use of various strategies to help you to read German texts more easily. Working on a text is rather like peeling an onion – there are layers of understanding, and it is helpful to approach them globally and systematically.

- Cast your eye over the whole text – check how long it is and how many paragraphs there are. This tells you **the size of the reading task**.

- Look at the title – it should tell you **what the text is about**.

- Pick out any words which are similar to English words (cognates) or those whose meaning is immediately clear. This will give you an **idea of the content**.

- What other clues are there that tell you **what to expect**? Dates, for example, might indicate that the passage will be historical. You could then expect to be dealing with the past tense. There might also be names you recognise.

- As you work your way through the text, **look at each sentence as a whole**. Before worrying about any words you don't know, look first at the shape of the sentence. Where is the verb? What is its subject? In German the **word order** will very often be different from English, so you need to decode this.

- Read each sentence trying to identify the **main carriers of meaning**. This means that you can leave out words like adjectives that are not the most important.

- Remember, you don't have to understand every word to grasp the meaning!

6 Here is an article about a working mother in Germany. It tells you something about how a working mother combines the role of motherhood with a career. This activity will help you practise scanning a text for its general meaning. Activity 7 will then take you through the article paragraph by paragraph so that you can check that you have understood the detail.

Read the text through fairly quickly, then answer the questions overleaf in English.

PROBLEME, *die jeder kennt*

Und immer pocht das schlechte Gewissen

Mütter zwischen Beruf und Familie

Für Martina war es schon immer eine ganz klare Sache: Sie wollte unbedingt Kinder, aber ihren Beruf als Chefsekretärin würde sie auf keinen Fall aufgeben. „Es ist nicht des Geldes wegen. Mein Mann verdient als Ingenieur genug. Mir geht es um mehr. Ich kann mir ein Leben als Nur-Hausfrau und Nur-Mutter einfach nicht vorstellen. Mir würden die Anreize fehlen. Ich käme mir einfach abgeschoben vor", erklärt die

Viele Frauen wollen trotz Kind ihre Selbständigkeit nicht aufgeben

32jährige, die inzwischen eine fünfjährige Tochter hat. Martina hat sich durchgesetzt, sie arbeitet in ihrem Beruf weiter. Tochter Maxi geht in die Vorschule.

Martina ist kein Einzelfall. Heute verbinden viele Frauen Beruf und Familie. Doch der Balanceakt hat seinen Preis: das ständig pochende schlechte Gewissen. „Ich kann mir noch so oft sagen, daß Maxi gut versorgt ist. Wenn sie aus der Vorschule kommt, geht sie zu unserer Nachbarin und spielt dort noch eine Stunde, bis ich nach Hause komme. Und dann beschäftige ich mich intensiv mit ihr. Wir spielen zusammen, sie

Alptraum berufstätiger Mütter: Das Kind sitzt vor der Tür und wartet

erzählt mir, was sie tagsüber erlebt hat. Wenn mein Mann dann gegen sieben Uhr nach Hause kommt, essen wir gemeinsam. Wir bringen Maxi auch zusammen ins Bett, lesen ihr was vor oder erzählen ihr eine Geschichte. Trotzdem nagt dieses Gefühl an mir, daß ich zuwenig für mein Kind tue, daß ich egoistisch handle, wenn ich arbeiten gehe", sagt Martina.

Mit diesem Gefühlschaos steht sie keineswegs allein da. So empfinden fast alle berufstätigen Mütter. Mal

sind solche Gefühle stärker, mal weniger intensiv.

Dabei sind Schuldgefühle eigentlich unbegründet.

Mein Mann und ich machen uns sehr viele Gedanken darüber, wie wir das Wochenende mit Maxi gestalten können. Wir würden ihr nie das Gefühl geben, daß wir am Samstag oder Sonntag müde sind oder keine Zeit für sie haben", sagt Martina. Selbst beim Saubermachen wird Maxi mit einbezogen. „Das ist natürlich auch so ein Problem. Während der Woche bleibt die Hausarbeit weitgehend liegen. Deshalb haben wir den Samstagmorgen dazu bestimmt aufzuräumen, das Badezimmer zu putzen etc. Das machen wir zu dritt, und das macht sogar richtig Spaß", erklärt sie.

Feierabend. Ganz schnell ruft die besorgte Mutter noch zu Hause an, um dem Kind ihr Kommen anzukündigen

unbedingt *definitely, really*	**ich käme mir einfach abge-schoben vor** *I'd simply feel sidelined*	**gut versorgt** *well provided for*
auf keinen Fall *under no circumstances*	**sich durchsetzen** *to establish oneself, to prevail*	**nagt dieses Gefühl an mir** *this feeling keeps nagging me*
ich kann mir ... nicht vorstellen *I can't imagine ...*	**kein Einzelfall** *not alone, not the only case*	**gestalten** *to organise, structure*
mir würden die Anreize fehlen *I wouldn't have the incentive, stimulus*	**und immer pocht das schlechte Gewissen** *there are always pangs of conscience*	**mit einbezogen** *involved*
		weitgehend *generally, on the whole*

1 Even before Martina had a child she had made one major decision for her future. What was it?

2 What are the arrangements for her daughter Maxi when she comes home from school?

3 What is the routine for Maxi's bedtime?

4 How is Maxi included in the family's weekend jobs?

7 Now look in detail at the article on page 13.

Lines 1–22

Here, Martina talks about her reasons for wanting to combine her career with having a family. Read the first section of the article and decide whether the following statements are *richtig* or *falsch*. Then answer the questions below in English.

	RICHTIG	FALSCH
1 Martina muss arbeiten, weil die Familie nicht genug Geld hat.	❏	❏
2 Martina will ihren Beruf als Chefsekretärin nicht aufgeben, weil sie nicht Nur-Mutter und Nur-Hausfrau sein möchte.	❏	❏
3 Martina braucht die Anreize des Berufslebens.	❏	❏

Lines 23–52

In this part of the article, Martina explains how the three of them spend their evenings. Can you pick out the German equivalents for these English phrases?

4 We play together.

5 She tells me what she did during the day.

6 We eat together.

7 We both put Maxi to bed.

8 We read something to her.

9 We tell her a story

Lines 53–83

Finally, fill in the gaps in the following text, which has been written from Martina's point of view.

Wir denken viel darüber nach, was wir am _____ mit Maxi machen können. Wir

wollen ihr zeigen, dass wir am _____ oder _____ Zeit für sie haben.

Maxi hilft sogar beim _____ .

    Während der Woche habe ich für die _____ wenig Zeit, deshalb

_____ wir zu dritt am Samstagmorgen _____ . Das macht uns richtig

_____ .

USING pronouns

You know that a pronoun replaces a noun and can refer to things, as well as persons. In the article you have just read, for example, some of the nouns could have been replaced by pronouns as in the following examples:

Wir bringen *Maxi* ins Bett.   **Wir bringen *sie* ins Bett.**

Am Samstagmorgen müssen wir   **Am Samstagmorgen müssen wir *es* putzen.**

***das Badezimmer* putzen.**

Here is the complete list of pronouns:

	nominative	accusative	dative
I	ich	mich	mir
you (informal)	du	dich	dir
he	er	ihn	ihm
she	sie	sie	ihr
it	es	es	ihm
we	wir	uns	uns
you (pl. informal)	ihr	euch	euch
you (sing. or pl. formal)	Sie	Sie	Ihnen
they	sie	sie	ihnen

---

8   Now go back to the article in Activity 6 and list all the pronouns used from lines 31–52 („*Wenn sie aus der Vorschule kommt …*" to „*… sagt Martina.*").

9

In this activity use pronouns to fill in the gaps.

I Geht Maxi zur Nachbarin? Ja natürlich. _____ geht jeden Tag zu

_____ .

2 Die Nachbarin spielt auch mit Maxi, nicht wahr? _____ spielt jeden Tag mit

_____ , aber erst nachdem _____ die Schulaufgaben gemacht

hat.

3 Martina und ihr Mann haben wohl nicht viel Zeit für ihre Tochter, oder? Doch, am

Wochenende nehmen _____ sich viel Zeit für _____ .

4 Und nach dem Abendessen? Spielt dann der Vater ein bisschen mit Maxi?

_____ spielt immer mit _____ !

5 Maxi hilft den Eltern sicher gerne bei der Hausarbeit, nicht wahr? Ja, am Wochenende

putzt _____ das Badezimmer mit _____ .

6 Und am Sonntag? Besuchen Martina und ihr Mann zusammen mit Maxi auch die

Großeltern? Nein, _____ sind selten bei _____ .

Lerneinheit 3 **Flexible Arbeitszeiten**

These days, more and more people have an irregular pattern of work. *Lerneinheit 3* uses texts and audio to illustrate such work patterns.

The first topic, *Flexible working arrangements*, provides the chance to hear about several different possibilities. In the second topic, *Taking sound advice*, you will listen to a song about taking things easy. The last topic is *Asking questions about a routine.*

By the end of *Lerneinheit 3*, you should be able to use language describing different ways of working, have practised reading texts for general and detailed meaning, and have practised asking questions about work routines.

STUDY CHART

Topic	Activity and resource	Key points
Flexible working arrangements	1–2 Text	scanning short articles about non-routine work patterns
	3 Text	practising sentences with *wenn*
Taking sound advice	4 *Übungskassette*	listening to a song about taking things easy
Asking questions about a routine	5 Text	preparing for an interview
	6 *Übungskassette*	asking questions about someone's daily routine
	7 *Übungskassette*	noting down answers about routine

In common with many other western countries, economic and technological changes have left their mark in Germany and in Austria. Work patterns and routines are changing. Many people have had to adjust to irregular working hours, shift work and flexi-time. In 1995, for example, employers and some German trade unions (*Gewerkschaften*) agreed to introduce more flexible working arrangements to combat unemployment and lower profits.

There are three short articles overleaf about people who do not follow a conventional daily routine. Read the articles, and select the most appropriate title for each of them from these three alternatives.

a Freizeit im Sommer

b Mit dem Schlafsack ins Büro

c Harte Arbeit, langer Urlaub

**die Firmen-
zentrale**
*company
headquarters*

womöglich *if
possible*

ein Nickerchen
a nap (colloquial)

in den Vogesen
in the Vosges hills

**der Kristall-
glashersteller
(-)** *manufacturer
of cut glass*

gleichnamig
*with the same
name*

**der Glas-
schmuck**
*decorative
glassware*

Deckenleuchten
ceiling lights

berichten *to
report*

**der Langzeit-
urlaub (-e)**
*long-term period
of leave*

1

Tag und Nacht können die Programmierer beim Softwaregiganten Microsoft arbeiten. Bob O'Rear, dienstältester Mitarbeiter in der Firmenzentrale in Redmond/Seattle: „Wenn ich um 3 Uhr nachts ins Büro komme, gehen andere gerade nach Hause." Firmenboss Bill Gates legt sich dann womöglich gerade für ein Nickerchen auf den Fußboden – um morgens für ein Kundengespräch fit zu sein.

2

Wenn es in den Vogesen am schönsten ist, nämlich von Mai bis Juli, haben die 900 Mitarbeiter beim Kristallglashersteller Baccarat viel freie Zeit. Bei der 200 Jahre alten Firma im gleichnamigen Ort werden dann 61 Stunden weniger gearbeitet – bei vollem Lohn. Die Zeit wird im Herbst und Winter reingeholt, wenn die neue Kollektion an Glasschmuck und Deckenleuchten auf den Markt kommt.

3

Wenn wir an einem Projekt arbeiten, dann wird auch mal übers Wochenende und auch nachts durchgearbeitet, berichtet Volker Dolch über die Arbeitsmoral im kalifornischen Silicon Valley. Als Lohn für den Stress gibt es bei Dolch Computer Inc. in Milpitas (ca. 100 Mitarbeiter) Firmenaktien oder auch mal so genannte Sabbaticals. Das sind bezahlte Langzeiturlaube von sechs bis zwölf Monaten.

2 Now read each of the above articles again. As you do so, write down the German equivalents for each of the following phrases.

Article 1

1 longest serving employee
2 a meeting with a client

Article 2

3 time is made up in autumn and winter
4 on full pay

Article 3

5 as a reward for the stress there are company shares

USING *wenn*

In the articles you worked on in Activities I and 2, you will have noticed several sentences beginning with *wenn*.

„Wenn ich um 3 Uhr nachts ins Büro komme, …" (*Article I*)
„Wenn es in den Vogesen am schönsten ist, …" (*Article 2*)
„Wenn wir an einem Projekt arbeiten, …" (*Article 3*)

The German word *wenn* can be translated into English as 'when', 'whenever', or 'if', depending on the context. The part sentences quoted here are, of course, incomplete – that is, they do not make sense on their own. These part sentences are called 'subordinate clauses' in grammatical terms, because they need a main clause to complete them and make sense.

Wenn ich um 3 Uhr nachts ins Büro komme (*subordinate clause*)**, gehen andere gerade nach Hause** (*main clause*).

Did you notice the word order? There is a distinct pattern to sentences beginning with *wenn*:
Wenn … verb, verb … .
Wenn ich ins Büro *komme*, *gehen* andere …
Wenn wir an einem Projekt *arbeiten*, *wird* auch …

You can change the word order in these sentences and convey the same ideas in a different way.
Andere gehen nach Hause, *wenn* ich um drei Uhr nachts ins Büro komme.
or **Wenn ich um drei Uhr nachts ins Büro *komme*, *gehen* andere nach Hause.**
Whichever way you say the sentence, a comma is used to separate the two clauses.

Here are some more examples which combine two simple sentences into one sentence using *wenn*.

Ich komme ins Büro. Zuerst öffne ich die Post.	**Wenn ich ins Büro komme, öffne ich zuerst die Post.**
Ich stehe morgens auf. Ich lese zuerst die Zeitung.	**Wenn ich morgens aufstehe, lese ich zuerst die Zeitung.**

The second example uses *aufstehen*, a separable verb. Because the verb has moved to the end of the clause in the sentence with *wenn*, it appears as one unseparated word.

3   Now combine the pairs of sentences below into one sentence starting with *wenn*. Here is an example to help you:

Ein Kollege hat Geburtstag. Wir ➔ **Wenn** *ein Kollege Geburtstag*
essen Bonbons und Kekse.   **hat, essen** *wir Bonbons und Kekse.*

I Der Wecker klingelt um sechs Uhr. Ich stehe sofort auf.
2 Dr. Berger kommt mittags nach Hause. Er übt mit den Kindern Musik.
3 Claudia Heilig hat Nachtdienst. Sie kommt morgens um 6.30 Uhr nach Hause.
4 Die Kinder kommen von der Schule nach Hause. Wir essen gemeinsam.

5 Ich mache freitags früher Feierabend. Ich gehe zwei Stunden ins Schwimmbad.

6 Dr. Setzler frühstückt morgens. Er liest die Zeitung.

There are some more examples of *wenn* clauses in *Hörabschnitt 4*, this time in music. Listen to Gerhard Schöne, a *Liedermacher* (songwriter), who comments on modern life. He is a former member of the Kreuzchor of Dresden, the capital of Sachsen (the Kreuzchor is one of the Thomanerchor's rivals). In the little song *Ganz einfach* ('Quite simple'), an overworked young man visits his father in a rural village and asks him why he feels so stressed. His father explains his philosophy in terms of simple folk-wisdom. Sing along to the chorus, if you like – it will increase your confidence with German word order.

5

This activity is designed to help you prepare for Activity 6 – a dialogue in *Hörabschnitt 5* in which you should ask questions in German as part of an interview with Frau Anders. Prepare these questions in German.

1 When do you usually get up?

2 When do you leave home?

3 How do you get to work?

4 How long does the journey take you?

5 Do you do shift work?

6 What do you do during the lunch break?

7 When do you finish work?

8 Do you work in the evenings?

9 Do you work at weekends?

10 How many hours do you work during the day?

Now listen to the prompts in *Hörabschnitt 5* and ask the questions you have prepared.

Listen again to the complete dialogue in *Hörabschnitt 5*. Note down Frau Anders' answers in English. Pause the cassette after each reply to give you time for this.

Checkliste

By the end of *Teil 1* you should be able to

○ use language relating to daily routines (*Lerneinheit 1*, Activities 3–5)

Seiten 4–5

○ understand and use reflexive verbs with expressions of time (*Lerneinheit 1*, Activities 8–9)

Seiten 7–8

○ understand and use adverbs of time (*Lerneinheit 2*, Activities 4–5)

Seite 12

○ understand and use personal pronouns (*Lerneinheit 2*, Activities 8–9)

Seiten 15–16

○ recognise and use sentences beginning with *wenn* (*Lerneinheit 3*, Activities 3–4)

Seiten 19–20

○ ask questions about daily routines (*Lerneinheit 3*, Activities 5–6)

Seite 20

Teil 2

Berufe und Berufsbilder

Teil 2 focuses on a range of different jobs and the people who work in them. How satisfying are they? How do people feel about their work and how do they choose jobs and careers? In *Lerneinheit 4, Tätigkeiten und Aufgabenbereiche*, you will get a chance to analyse what tasks are involved in different jobs. *Lerneinheit 5, Arbeit – Spaß oder Stress?*, looks at working conditions and degrees of job satisfaction. Finally, in *Lerneinheit 6*, you will find out more about *Handwerker* in Germany.

By the end of *Teil 2*, you should be able to describe jobs, gather information relating to jobs, and express opinions about them.

Lerneinheit 4 Tätigkeiten und Aufgabenbereiche

The first topic is *Job titles*, where you will find out which jobs have high status in Germany. In the second topic, *Duties and responsibilities*, the content of different jobs is analysed. The third topic is *Writing and talking about jobs*.

By the end of *Lerneinheit 4*, you will have learned how to describe jobs and the tasks which are involved in them.

STUDY CHART

Topic	Activity and resource	Key points
Job titles	1 Text	identifying prestigious jobs
Duties and responsibilities	2–3 Text	reading about what's involved in two different jobs
	4 Text	identifying correct prepositions
	5 Text	practising using prepositions
	6 Text	writing questions about jobs
Writing and talking about jobs	7 *Übungskassette*	checking you've understood a description of a nursing job
	8 Text	writing descriptions of jobs
	9 Text	preparing answers for an audio activity
	10 *Übungskassette*	being interviewed about job duties

The diagram below illustrates the results of a survey carried out to discover which jobs are judged to have most prestige and status. You can see straight away that medical doctors top the list with 81%, while trade union leaders managed only 8%.

First, study the diagram, then fill in the gaps in the text, using words supplied below.

das Ansehen
esteem, respect

von je 100 Befragten *out of every 100 people questioned*

die Achtung
here: esteem, respect; also: attention

der Rechtsanwalt ("-e) *lawyer, solicitor*

der Schriftsteller (-) *author, writer*

der Offizier (-e) *army officer*

der Studienrat ("-e) *title given to a grammar school teacher after some years of service*

Das Ansehen der Spitzenberufe

Von je 100 Befragten haben am meisten Achtung vor folgenden Berufen:

- 81 Arzt
- Pfarrer 40
- Rechtsanwalt 36
- Hochschulprofessor 33
- Diplomat 32
- Schriftsteller 28
- Apotheker 27
- Unternehmer 26
- Ingenieur 26
- Atomphysiker 25

- 8 Gewerkschaftsführer
- 9 Buchhändler
- 9 Politiker
- 9 Offizier
- 15 Studienrat
- 17 Journalist
- 22 Direktor in großer Firma
- 24 Grundschullehrer

1584 © Globus   Quelle: Allensbach   Stand 1993, Mehrfachnennungen

Die _____ haben in Deutschland ganz klar das höchste Ansehen. Danach folgen mit 40% die _____ . An dritter und vierter Stelle liegen die _____ und die _____ . Dagegen liegen die _____ mit nur 24% im Mittelfeld. Am Ende dieser Skala stehen die _____ . Das Ansehen der _____ , _____ und _____ liegt bei jeweils 9%.

> Hochschulprofessoren • Grundschullehrer • Gewerkschaftsführer • Pfarrer •
> Buchhändler • Ärzte • Rechtsanwälte • Offiziere • Politiker

In the next four activities you will find out about specific duties in particular jobs.

First read about Simone Vogt, who works in insurance (she is a *Versicherungskauffrau*). Her work involves some typical office routines.

You may not be familiar with some of the verbs used in the article. To check that you understand them, translate the English sentences overleaf into German.

Simone Vogt ist 23 Jahre alt und Versicherungskauffrau von Beruf. Sie arbeitet bei einem Versicherungsmakler in Bielefeld. Sie erledigt den ganzen Schriftverkehr. An einem normalen Arbeitstag bearbeitet Simone zuerst die Eingangspost, dann diktiert sie Briefe, anschließend kommen die Formulare dran: Versicherungen bestätigen, Anträge bearbeiten, Rechnungen erstellen. Zwischendurch telefoniert sie dauernd mit Kunden.

---

der Versicherungsmakler (-) *insurance broker*

der Schriftverkehr *correspondence*

die Eingangspost *incoming post*

die Formulare kommen dran *the forms are dealt with*

die Versicherung (-en) *insurance; here: insurance policy*

bestätigen *to confirm*

der Antrag (¨e) *here: claim*

die Rechnung (-en) *invoice*

der Kunde (-n) *customer*

---

1 Simone deals with the correspondence.

2 She goes through the incoming post.

3 She dictates letters.

4 She confirms insurance policies.

5 She deals with claims and makes out invoices.

6 She talks to customers on the phone.

3 This article is about Sabine Carstens, who works as a travel agent (*Reiseverkehrskauffrau*). Again you should translate the English sentences into German; here there are more specialist verbs relating to work.

---

sich für ein Ziel entscheiden *to decide on a destination*

die Unterlagen *(travel) documents*

Sabine Carstens ist 22 Jahre alt und arbeitet als Reiseverkehrskauffrau bei einer großen Hamburger Reiseagentur. „Während ich Kunden berate," sagt Sabine, „hole ich gleichzeitig per Computer Informationen ein. Außerdem kalkuliere ich die Preise der Hotels." Wenn sich der Kunde für ein Ziel entschieden hat, bucht Sabine die Reise und kümmert sich um die Unterlagen. „Es macht mir Spaß, alles selbst zu organisieren."

---

1 I advise customers.

2 I gather information via the computer. (*Vorsicht!* Separable verb needed.)

3 I calculate the prices.

4 Sabine books the trip.

5 Sabine looks after the documents.

4 The last job in this group is that of Wolfgang Hocquél, who is responsible for historical monuments in the Leipzig district.

He uses three different expressions to explain his responsibilities – all of which require a preposition. Read the interview, then fill in the gaps in the sentences on page 25, using the appropriate preposition.

verantwortlich für *responsible for*	
Regierungs- bezirk Leipzig *administrative district of Leipzig*	
hat mit ... zu tun *works on ...*	
das Gebäude (-) *building*	
sanieren *to renovate*	
sich beschäftigen mit ... *to be concerned with*	

Interviewer   Was machen Sie in der Stadt Leipzig, Herr Hocquél?

Herr Hocquél   *Ich bin verantwortlich für den Denkmalschutz im Regierungsbezirk Leipzig.*

Interviewer   Und wie lange machen Sie das schon?

Herr Hocquél   *Ich mache das schon etwa 15 Jahre. Das ist eine sehr interessante Arbeit, man hat mit vielen historischen Gebäuden zu tun, man kann sie sanieren, restaurieren, man muss sich mit Geschichte, mit Kunst, mit Ästhetik beschäftigen, das ist eine sehr interessante Arbeit.*

1   Ich bin verantwortlich ＿＿＿＿＿＿ den Denkmalschutz.

2   Ich habe ＿＿＿＿＿＿ historischen Gebäuden zu tun.

3   Ich beschäftige mich ＿＿＿＿＿＿ Geschichte und Kunst.

LERNTIP

Für's Notizbuch

Here are a few more useful verbs for your *Notizbuch*. You need to include a note of the preposition and the appropriate case and, of course, the meaning.

sich kümmern um + *accusative*   **Ich kümmere mich um die Reiseunterlagen.**

sich beschäftigen mit + *dative*   **Ich beschäftige mich mit historischen Gebäuden.**

zu tun haben mit + *dative*   **Ich habe mit den Kunden zu tun.**

zuständig sein für + *accusative*   **Ich bin für die Preiskalkulation zuständig.**

verantwortlich sein für + *accusative*   **Ich bin für die Organisation verantwortlich.**

---

5   Now practise the prepositions in the above expressions as you read about the duties of Frau Gerdes, who works in exports. Choose the correct preposition from the selection given to fill the gaps in the following text.

> für • mit • um • mit • für

Frau Gerdes ist berufstätig. Sie arbeitet als Exportkauffrau in einem großen

Industrieunternehmen. Sie hat viel ＿＿＿＿＿＿ Kunden aus dem Ausland zu tun. In

der Exportabteilung ist sie ＿＿＿＿＿＿ die gesamte Korrespondenz mit

französischsprachigen Ländern verantwortlich. Außerdem ist sie zuständig ＿＿＿＿＿＿

den Kontakt mit Kunden aus der Schweiz. Frau Gerdes beschäftigt sich auch

_____ der Organisation von Messen im In- und Ausland. Sie kümmert sich

_____ die Planung und Vorbereitung der Messen.

USING _wo_ in questions

You have already seen and used the question word _wo?_ (where?). You will also have come across question words such as _womit?, wovon?, wofür?_. In these words, _wo_ translates as 'what'. The second half of the word – the preposition – depends on what verb structure comes next. Suppose the verb structure being used was _zu tun haben,_ which as you just read above is followed by _mit,_ then in a question you would start by saying _Womit_ …:

Womit hat Frau Gerdes zu tun? _Mit_ der Post?
Ja, sie hat _mit_ der Post zu tun.

There were other examples like this in the text in Activity 5, e.g.
Außerdem ist sie zuständig _für_ den Kontakt mit Kunden.

Here, the verb structure is _zuständig sein für,_ so the question starts _Wofür_ …:
Wofür ist Frau Gerdes zuständig? Sie ist _für_ die Post zuständig.

When the preposition begins with a vowel such as _um_ or _an,_ an additional _-r-_ is added before the preposition to make the word easier to say, e.g. _worum, woran, worüber._ Here is an example where the verb is _denken an_:
Woran denken Sie? Ich denke _an_ meine Arbeit.

These statements have all been taken from the various texts in _Lerneinheit 4._ Read them, and write down the appropriate _wo-_ + preposition question word. Here is an example to help you:

Frage   <u>Worum kümmert sich Sabine?</u>

Antwort   Sabine kümmert sich um die Reiseunterlagen.

I Frage   _____ ?

Antwort   Herr Walter und seine Kollegen sind für den Bau der fünf

Hallen zuständig.

Now imagine you are asking Wolfgang Hocquél direct questions about the different parts of his job.

2 Frage _____ ?

Antwort Ich bin verantwortlich für den Denkmalschutz.

3 Frage _____ ?

Antwort Ich beschäftige mich mit Kunst.

4 Frage _____ ?

Antwort Ich habe mit historischen Gebäuden zu tun.

 Now listen to *Hörabschnitt 6*, in which Claudia Heilig talks about her duties and responsibilities as a paediatric nurse. She lists her duties when she is on the early morning shift. The statements below about her various tasks are not in the order in which she lists them in *Hörabschnitt 6*. Sort them out by putting the numbers against them in the right order.

säuglingschirurgische Station *paediatric ward*	**wovon sie nicht begeistert sind** *which they are not very pleased about*	**betreuen** *to look after*
früh sehr zeitig *very early in the morning*	**O.P. = Operationssaal (-säle)** *operating theatre*	**entsprechend vorbereiten** *to prepare appropriately*

a Claudia Heilig fährt die Kinder in den O.P..
b Sie badet und wäscht die Kinder.
c Sie bereitet die Kinder (auf die Operation) vor.
d Sie holt die Kinder wieder hoch (vom Operationssaal).
e Sie betreut die Kinder.
f Sie gibt den Kindern Frühstück.

USING verbs as nouns

Did you notice Frau Heilig say '*Der Frühdienst beginnt **mit dem Baden** der Kinder*'? There are two ways of saying this in German:
Ich beginne mit dem Baden der Kinder means the same as **Am Anfang bade ich die Kinder**.
Das Deutschlernen macht mir Spaß means the same as **Ich lerne gern Deutsch**.

In each example, the infinitive of the verb has been made into a noun. Nouns of this kind ending in *-en* are always neuter and the definite article *das* should be used e.g. *das Singen, das Lernen, das Arbeiten, das Baden*.

8

Here is an opportunity to make up your own sentences using structures you have come across in *Lerneinheit 4*. Answer the four questions below, describing duties and responsibilites in the context of work. After each question you will find useful verbs and nouns to help you to answer the questions. In your answers you will need to turn verbs into nouns. The beginning of the first answer has been given.

1 Wofür ist eine Krankenschwester/ein Krankenpfleger verantwortlich?
- Patienten betreuen
- Medikamente verteilen
- die Kinder ins Bett bringen

→ *Eine Krankenschwester/ein Krankenpfleger ist für das Betreuen von Patienten verantwortlich ...*

2 Wofür ist eine Bürokauffrau/ein Bürokaufmann zuständig?
- die Termine koordinieren
- Dokumente ablegen
- Telefongespräche führen

3 Wofür ist eine Projektmanagerin/ein Projektmanager verantwortlich?
- Projekte durchführen
- mit Vertretern verhandeln
- Berichte schreiben

4 Womit beschäftigt sich eine Hausfrau/ein Hausmann?
- den Haushalt führen
- das Essen kochen
- den Kindern Geschichten vorlesen

9

Now you are asked to imagine that you are working as an office manager (*Büroleiter/in*). Before taking part in the interview in *Hörabschnitt 7*, prepare your answers by writing down the German for these phrases.

- I work as .../My job is ...
- I am responsible for ...
- I make telephone calls
- I advise customers

 10

Now take part in the interview in *Hörabschnitt 7*. Try doing it without your notes, if you feel confident enough!

Lerneinheit 5 Arbeit – Spaß oder Stress?

Most jobs involve both enjoyment and stress. The balance between the two is usually crucial in determining whether or not you enjoy your job. In *Lerneinheit 5* you will read and hear some of the criteria people use in weighing up how much they like their jobs. The first topic is *Happy at work?*. In the second topic, *Working on the audio drama*, you will listen to the third episode of *Begegnung in Leipzig* and check how much Bettina and her friends enjoy their work.

By the end of *Lerneinheit 5*, you will have practised giving reasons for your choice and listing advantages and disadvantages.

STUDY CHART

Topic	Activity and resource	Key points
Happy at work?	1–2 *Übungskassette*	listing reasons why people like their jobs
	3 Text	practising the use of *denn*
	4 Text	writing about why you like or dislike a job
	5 Text	prioritising what is important about work
Working on the audio drama	6 *Hörspiel*	checking you've understood this episode of the drama
	7 Text	learning some colloquial expressions
	8 *Hörspiel*	checking you've understood what Thomas and Bettina like about their work
	9 Text	writing a diary entry summarising this episode of the drama

  Listen to *Hörabschnitt 8*, in which six people from various walks of life say why they like their work. Write down in English the reasons each person gives.

mit Leib und Seele *with heart and soul*	**das Geldverdienen** *earning of money*	**dadurch dass ...** *because (of the fact that)* ...
vielfältig *varied*	**eine Arbeit, die einen herausfordert** *a job which is challenging*	**auf dem Laufenden halten** *to keep up to date*
selbstständig *independently, on one's own*		**eine Herausforderung (-en)** *challenge*

 Listen to *Hörabschnitt 8* again, and fill in the gaps in the transcript overleaf. Besides developing your listening skills, this activity will introduce you to different ways of giving reasons.

Interviewer	Frau Schmidt, Sie sind ja Gästebetreuerin hier in Leipzig und führen Besucher durch die Stadt. Macht Ihnen die Arbeit Spaß?
Frau Schmidt	*Ja sehr, ich mach' sie mit Leib und Seele, _____ ich meine Stadt _____ .*
Interviewer	Herr Sorger, Sie arbeiten hier als Journalist. Macht Ihnen die Arbeit Spaß?
Herr Sorger	*Ja, _____ sie ist sehr _____ , es ist immer mal etwas anderes zu machen, und es passieren so viele schöne unvorhergesehene Dinge auch!*
Interviewer	Sie haben ein Geschäft hier in Leipzig und sind Antiquitätenhändler. Gefällt Ihnen Ihre Arbeit?
Herr Brinkmann	*Doch, sehr gut.*
Interviewer	Warum?
Herr Brinkmann	*Es ist ein… eine Arbeit, in der man sehr _____ arbeiten kann – wo einem das Hobby, der Beruf und das Geldverdienen _____ _____ .*
Interviewer	Frau Gedemer, Sie sind Krankenschwester von Beruf. Gefällt Ihnen Ihre Arbeit?
Frau Gedemer	*Ja, die gefällt mir sehr gut, _____ ich gerne mit Kindern _____ , und ja, weil es sehr abwechslungsreich ist.*
Interviewer	Frau Seeger, Sie arbeiten hier in der Kinderklinik. Gefällt Ihnen die Arbeit?
Frau Seeger	*Ja, die Arbeit gefällt mir gut.*
Interviewer	Warum?

Frau Seeger	_____ ich viel mit anderen Menschen zu tun _____ ,
	und _____ mir auch die Arbeit mit den kleinen Kindern
	_____ , und _____ es auch eine Arbeit
	_____ , die auch einen herausfordert.
Interviewer	Herr Baumann, Sie arbeiten als Lehrer. Gefällt Ihnen diese Arbeit?
Herr Baumann	Ja.
Interviewer	Warum?
Herr Baumann	Ja, sie macht Spaß, _____ _____ man mit jungen
	Leuten ständig zu tun _____ , die einen so etwas auf dem
	Laufenden halten, und die eigentlich auch so etwas wie 'ne permanente
	Herausforderung sind, und das macht Spaß.

USING *denn* and *weil*

You will have noticed that when the interviewees in *Hörabschnitt 8* gave reasons for liking their jobs, the reasons began with *weil*. This means that the verb needs to be placed at the end of the clause. It is, however, quite common to use *denn* instead of *weil*. *Denn* is probably easier to handle, because it does **not** affect the word order. Instead of saying:

Die Arbeit macht mir Spaß, weil sie sehr interessant ist.

you would say:

Die Arbeit macht mir Spaß, denn sie ist sehr interessant.

---

3 Practise the use of *denn* by taking some of the reasons presented in Activity 2 with *weil*, and writing a sentence using *denn* instead.

1 Herr Sorger findet seine Arbeit gut, weil sie sehr abwechslungsreich ist.
2 Frau Schmidt findet ihre Arbeit gut, weil sie ihre Stadt liebt.
3 Frau Gedemer gefällt ihre Arbeit, weil sie gern mit Kindern arbeitet.
4 Frau Seeger findet ihre Arbeit gut, weil sie gern mit anderen Menschen zu tun hat.

GIVING reasons in other ways

There are several other ways of giving reasons. Often, someone starts a sentence with a reason and then goes on to express an opinion. Here is an example:

Meine Arbeit ist sehr vielfältig, und ich habe immer mit Leuten zu tun. *Deshalb* gefällt mir die Arbeit gut.

You will notice that the link between the reason and the opinion is expressed by using the word *deshalb* (therefore). Several words and phrases can be used like this: *daher, deswegen, dadurch dass* and *aus diesem Grund* (for this reason).

Bei meiner Arbeit kann ich Hobby und Beruf verbinden, und deswegen macht mir die Arbeit Spaß.

Meine Arbeitszeit ist zu lang, und ich muss auch oft samstags arbeiten. Aus diesem Grund gefällt mir meine Arbeit nicht so gut.

Now practise using *deshalb, deswegen* and *aus diesem Grund*, the 'therefore' expressions. Here are three brief descriptions of particular jobs. Imagine that you are working in each of them. What would the positive or negative aspects be? Write your comments (in German) on each job, using either *deshalb, deswegen* or *aus diesem Grund* and one of the useful phrases from the list below. The first description has been done for you.

- gefällt mir die Arbeit
- gefällt mir die Arbeit besonders gut
- finde ich die Arbeit (sehr) gut
- macht mir die Arbeit (großen) Spaß
- finde ich die Arbeit nicht so gut
- macht mir die Arbeit (gar) keinen Spaß
- gefällt mir die Arbeit (überhaupt) nicht

1 Die Arbeit ist im Büro. Die wöchentliche Arbeitszeit beträgt 37,5 Stunden (+). Gleitzeit ist nicht möglich (–). Die Bezahlung ist relativ niedrig (–). Man hat 34 Tage Urlaub im Jahr (+).

Die Arbeitszeit ist in Ordnung und der Urlaub ist gut. Deswegen macht mir die Arbeit Spaß.

Die Bezahlung ist schlecht und es gibt keine Gleitzeit. Aus diesem Grund finde ich die Arbeit nicht so gut.

2 Die Arbeit ist in der Produktion, 40 Stunden pro Woche (–), Schichtdienst (–). Alle drei Wochen Arbeit am Samstag (–). Bezahlung sehr gut (+). Nette Kollegen (+). Der Arbeitsplatz ist sehr laut (–).

3 Arbeit als Selbstständiger. Arbeitszeit über 60 Stunden pro Woche (–). Sehr hohes Einkommen (+). Maximal 10 Tage Urlaub pro Jahr (–). Große Arbeitszufriedenheit (+). Viel Verantwortung (+).

5 As you heard in *Hörabschnitt 8*, pay and working conditions are not the only reasons why people make decisions about jobs. What about you? *Was ist für Sie wichtig?/Was halten Sie für wichtig?*

Read the criteria listed here and assign them a number from 1–13 according to your preferences.

	dass ich eine regelmäßige Arbeitszeit habe.	❏
	dass ich ein gutes Einkommen habe.	❏
	dass die Stelle in der Nähe von meinem Haus ist.	❏
Für mich ist wichtig,	dass meine Arbeitszeit flexibel ist.	❏
	dass ich Teilzeit arbeiten kann.	❏
	dass ich mit Menschen zu tun habe.	❏

	viel Freizeit		❏
	eine abwechslungsreiche Arbeit		❏
	Gleitzeit		❏
Ich halte	einen sicheren Arbeitsplatz	für wichtig.	❏
	selbstständiges Arbeiten		❏
	ein gutes Arbeitsklima		❏
	Karrierechancen		❏

6 Have you found out yet what jobs the three main characters in the *Hörspiel* have? Thomas is a student and *Straßenmusikant*, Bettina is a *Lehrerin* and Sonja …

Hörspiel, Folge 3

Read the questions below, then listen to the *Hörspiel*: *Begegnung in Leipzig, Folge 3* straight through. See how many questions you can answer at this point. Then go through the *Folge* again, pausing if necessary, to write your answers in German.

nachdenklich *thoughtful, serious*	**der Zufall (¨e)** *chance, coincidence*	**erwachsen** *grown-up, adult*
schlecht gelaunt *in a bad mood*	**belügen** *to deceive, tell lies to*	**anstrengend** *hard work, strenuous*
einfallen *to occur to, to dawn on someone*	**vorsichtig** *careful, cautious*	**unverschämt** *insolent, shameless*
		sich beeilen *to hurry*

1 Warum hat Sonja so lange geschlafen?
2 Wo waren Sonja und Bettina gestern Nachmittag?
3 Findet Bettina, dass Sonja abends ganz normal war?
4 Woher kennt Bettina den Straßensänger Thomas?
5 Und woher kennt ihn die Sonja?
6 Wohin hat Thomas beide Frauen zuerst eingeladen?

7 Und wohin hat er sie danach eingeladen?

8 Sonja gibt Bettina eine Warnung. Was sagt sie?

9 Wo arbeitet Sonja jetzt?

10 Was sagt Bettina zu Thomas über den Abend in der Moritzbastei?

7

Now, to learn some everyday spoken German expressions of the kind used in the drama, match the German from the left-hand column with the English equivalent on the right. You may want to make a note of some of them in your *Notizbuch*.

1	Was ist (denn) los?	**a**	What a coincidence!
2	Ist alles in Ordnung?	**b**	That doesn't matter.
3	So ein Quatsch!	**c**	What's up?
4	Schwamm drüber.	**d**	That's true.
5	Was für ein Zufall!	**e**	Nonsense!
6	Stimmt.	**f**	What do you think?
7	Wieso (das denn)?	**g**	Is everything OK?
8	Mach dir keine Sorgen.	**h**	Forget it.
9	Es spielt keine Rolle.	**i**	Don't worry.
10	Was meinst du?	**j**	Why?

 8

Hörspiel, Folge 3

You will remember that in their conversation at the Moritzbastei, Thomas and Bettina mentioned aspects of their work which they don't like.

Listen again to that conversation between Thomas and Bettina and decide what they don't like about their jobs. Choose which statements below fit in with what they actually say, putting a cross against those that are correct.

1 Bettina findet ihre Arbeit in Grünau anstrengend,

   a weil sie so viele Schüler hat. ❑

   b weil die Schüler unverschämt sind. ❑

   c weil sie die Klasse noch nicht im Griff hat. ❑

2 Ein Nachteil von Bettinas Arbeit ist,

   a dass sie immer so früh aufstehen muss. ❑

   b dass sie keine Zeit für Hobbys hat. ❑

   c dass sie in Grünau wohnen muss. ❑

3 Thomas gefällt seine Arbeit als Straßenmusikant nicht,

   a wenn das Wetter schlecht ist und die Leute ihm nicht so viel Geld geben. ❑

   b wenn er müde ist und nicht gut spielt. ❑

   c wenn er nur am Wochenende spielen kann. ❑

Finally, imagine that you are Bettina and that you are a keen diary writer. Listen to the whole *Folge* again, then write about 100 words of her diary entry for that day, using the following key words as a guide to help you.

Sonja schlechte Laune haben, lange im Bett liegen; Thomas seit vier Jahren kennen, Thomas nicht trauen

Thomas sich in der Moritzbastei treffen, tanzen

Ich (Bettina) viele Hausaufgaben korrigieren; Kinder unverschämt, die Klasse nicht im Griff haben; Orangensaft in der Moritzbastei trinken; keine Lust haben, früh aufstehen müssen, auf einen Wagen sparen

Lerneinheit 6 **Handwerker**

Don't be misled by the title of *Lerneinheit 6 – Handwerker* doesn't refer to manual workers, although hands are involved. You will look at the highly skilled craft sector of the German economy and some of the people who work in it. There are three topics: *Learning about the history of Handwerker, Handwerker nowadays* and *Gottlieb Daimler and Carl Benz* (two particularly successful *Handwerker*).

By the end of *Lerneinheit 6*, you will be a lot more familiar with the terms used to describe *Handwerker*, and will have analysed some texts relating to *Handwerk* and those working in it.

STUDY CHART

Topic	Activity and resource	Key points
Learning about the history of *Handwerker*	**1 Text**	learning names of trades
	2 Text	reading about the history of *Handwerk*
	3 Text	checking you've understood the article about *Handwerk*
Handwerker nowadays	**4–5 Video**	watching the video about a master craftsman
	6 Text	checking you've understood the video
	7–9 Text	reading about young men who choose to be *Handwerker*
Gottlieb Daimler and Carl Benz	**10 Text**	reading about two German pioneer *Handwerker*
	11 Text	practising the perfect tense

The first three activities concentrate on the background and history of *Handwerk* in Germany. First of all, here is a list of some trades. How many words can you recognise immediately?

Maler	*Maurer*	*Fliesenleger*	*Friseur*
Bäcker	*Glaser*	*Installateur*	*Radio- u. Fernsehtechniker*
Gebäudereiniger	*Schornsteinfeger*	*Zimmermann*	*Schneider*

Some of these trades are illustrated in the picture. Identify them and write down the German and English words for them. Then use a dictionary to find out the meaning of the other names of trades above.

der Maurer (-)
bricklayer

der Glaser (-)
glazier

der Fliesenleger (-) *tiler*

2 Here is a brief description of what *Handwerk* is all about, which gives some historical background. Read it, and answer the questions on page 37 in English.

Das Handwerk in Deutschland hat eine lange Tradition. Es geht bis ins Mittelalter zurück und heute noch kann man die Handwerksarbeit der damaligen Zeit bewundern, zum Beispiel die mächtigen Dome und die schönen Zunfthäuser in vielen Städten. Auch heute spielt das Handwerk eine wichtige Rolle in der deutschen Wirtschaft: Es bietet viele Arbeitsplätze und leistet einen wichtigen Beitrag zum Sozialprodukt.

Sowohl die Industrie als auch Privatverbraucher brauchen die Leistungen des Handwerks. Einerseits beliefern die handwerklichen Betriebe die Industrie mit Teilprodukten, und andererseits warten und reparieren Handwerker Industrieerzeugnisse. Wer brauchte nicht schon einmal einen Installateur, der die Waschmaschine reparieren konnte, oder wer hat nicht schon einmal den Wagen zum Kfz-Mechaniker gebracht? Häuser in Deutschland werden immer noch überwiegend von Maurern, Zimmerleuten, Glasern, Fliesen-legern, Installateuren usw. in Handarbeit errichtet.

Handwerker produzieren aber auch selbst. Bäcker, Konditoren, Fleischer sorgen für ein vielfältiges Angebot an Lebensmitteln.

Das Handwerk ist auch für die Wirtschaft der neuen Bundesländer wichtig. Selbst zu DDR-Zeiten, als es offiziell kein Privateigentum gab, konnten noch 82 000 private Handwerksbetriebe existieren. Seit der Wiedervereinigung ist ihre Zahl auf das Doppelte gestiegen.

der damaligen Zeit *of that time*	**beliefern** *to supply*	**ein vielfältiges Angebot** *a wide selection*
die Zunfthäuser *guild halls and houses*	**warten** *here: to service*	**der Kfz-Mechaniker (-)** *motor mechanic*
leistet einen Beitrag *makes a contribution*	**das Erzeugnis (-se) = das Produkt (-e)**	**(Kfz=Kraftfahrzeug=Auto)**
der Verbraucher (-) *consumer*	**werden ... überwiegend ... von ... errichtet** *are mainly built by*	**der Konditor (-en)** *confectioner*
		der Fleischer (-) *butcher*

I What evidence can still be found of *Handwerksarbeit* as it was in the Middle Ages?

2 Who benefits from the services of this sector?

3 What has happened to the *Handwerk* branch of industry in east Germany since unification?

3 Now fill in the gaps in the text below, which is based on what you have read so far in *Lerneinheit 5*.

Das Handwerk ist sowohl für die Industrie als auch die _____ von Bedeutung.

Die meisten Haushalte brauchen hin und wieder einen _____ für die Reparatur ihrer Waschmaschine oder einen _____ für die Wartung oder Reparatur ihres Autos.

Der Verbraucher kauft auch gern seine Brötchen beim _____ , seine Torte beim _____ und sein Fleisch beim _____ . Viele Deutsche legen beim Hausbau großen Wert auf gute Handarbeit und lassen sich aus diesem Grund ihr Haus meistens von _____ (*dative plural*) bauen.

Seit der Wiedervereinigung Deutschlands ist die Zahl der _____ in den neuen Bundesländern um 100% gestiegen.

WISSEN SIE DAS?

The system of vocational education and training for young school leavers in the Federal Republic of Germany (*Bundesrepublik*) has gained worldwide recognition over the years. It is often referred to as the Dual System (*Duales System*) whereby trainees (*Auszubildende* or *Azubis*) combine on-the-job training with part-time compulsory attendance at vocational schools (*Berufsschulen*). This system of apprenticeship is highly structured and much more widespread in Germany than in many other European countries. The *Duales System* has very deep historical roots dating back to the guilds and the master-apprentice relationships of the Middle Ages. Nowadays, the bulk of training costs within the *Duales System* are borne by the firms and their Chambers of Commerce (*Handelskammern*) with whom the trainees sign contracts. In many crafts or trades the trainee can initially become a *Geselle* (journeyman) before becoming a *Meister* (master craftsman), who plays an important role both as a trainer and as an example of status and achievement to which a young person can aspire. The role of the *Meister* has been described as the 'engine' of the German training and industrial system.

The word *Auszubildende* is used nowadays to mean trainee. Until recently the word *Lehrling* (apprentice) was commonly used, but now you will come across both.

In the next activity you will watch the video and meet Wolfgang Fritz of Tübingen, who is a traditional *Handwerker*. He will tell you about the various stages of his job training and give you an insight into what is involved in becoming a master glazier (*Glasermeister*). In common with many German men, his training was interrupted by national service.

 4

05:04–06:03

Now watch the second part of the video and concentrate on what you see there rather than hear. Decide which of these statements are *richtig* and which *falsch*. Rewrite the *falsch* statements correctly in German.

	RICHTIG	FALSCH
1 Wolfgang Fritz kommt mit dem Auto zur Arbeit.	☐	☐
2 Er arbeitet in einer Glaserei.	☐	☐
3 Er arbeitet an einer Tür in der Werkstatt.	☐	☐
4 Er misst ein Stück Glas und spricht mit einer Kundin.	☐	☐
5 Der Mann, der an der Säge arbeitet, schneidet ein Stück Metall.	☐	☐

 5

05:04–06:03

Now watch the video again. This time, concentrate on what you hear. Try to fill in the missing words in the transcript on page 39. At first you might find this quite difficult, as Herr Fritz speaks with a regional accent.

---

die Fachrichtung (-en) *subject area*

die Lehre *apprenticeship*

die Bundeswehr *Federal German Army*

bin ... wieder ... eingestiegen *returned to*

die Meisterprüfung ablegen *to take the Master's examination*

an und für sich *actually*

Mein Beruf ist Glasermeister. Über – also, Glasermeister, das heißt in Fachrichtung Glaserei und Fensterbau. Ich arbeite bei meinem _____ hier in Tübingen.

Ich habe hier meine Lehre _____ und habe drei Jahre _____ , dann war ich, musst' ich zur Bundeswehr und dann wieder, bin ich wieder in den Betrieb eingestiegen und hab' meine paar Gesellenjahre _____ und anschließend dann den Meister, die Meisterschule _____ und die Meisterprüfung abgelegt, 19_____ , und bin an und für sich die ganze Zeit jetzt hier im Betrieb tätig.

6 With the help of the transcript, complete this short passage which describes Wolfgang Fritz's progress towards becoming a master glazier.

Wolfgang Fritz hat seine _____ in Tübingen angefangen. Nach drei Jahren musste er zur _____ , dann hat er einige _____jahre gemacht. Anschließend hat er die _____ besucht, wo er die Prüfung _____ hat.

7 It is not uncommon these days for young Germans with the *Abitur* (equivalent to A level) to decide on a career in *Handwerk*. The article in the next activity, *Handwerk hat goldenen Boden*, will introduce you to two young *Handwerker*. One is training to be a *Tischler* (joiner) and the other an *Orthopädiemechaniker* (orthopaedic mechanic). Their reasons for deciding on these jobs are many and varied.

In preparation for work on the article, read through these phrases, all of which describe reasons for choosing a career, and match the English with the German.

1 ausgezeichnete Berufschancen   **a** to be creative

2 man möchte etwas Handwerkliches machen   **b** to be interested in medicine

3 Interesse an der Medizin haben   **c** to do something useful

4 etwas Sinnvolles tun   **d** a professionally challenging job

5 Möglichkeit, sich selbst-ständig zu machen   **e** you want to work with natural materials

6 ein fachlich anspruchsvoller Beruf   **f** good career prospects

7 kreativ sein   **g** something involving a practical skill

8 sich selbst verwirklichen   **h** opportunity to become self-employed

9 Beruf hat Zukunft   **i** to fulfil oneself

10 man möchte mit natürlichem Material arbeiten   **j** a job with a future

8 Now read the article with the help of the vocabulary and answer the questions below in English.

Handwerk hat goldenen Boden

Die Wirtschaft setzt auf Praktiker. Berufsanfänger mit Lehre haben oft bessere Aussichten als Akademiker. Ideal sind Betriebsausbildung und Studium zusammen.

Wenn Abiturienten sich für ein Handwerk entscheiden, ist häufig Romantik im Spiel. Als der Hamburger Gerrit Schüen, 22, seine Lehre als Tischler begann, da wollte er mit natürlichem Material arbeiten, kreativ sein, sich selbst verwirklichen.

Inzwischen sieht er den Beruf etwas nüchterner. Fenster sind heute meist aus Kunststoff, und wenn Holz verarbeitet wird, dann ist es oft Spanholz. Dafür hat Schüen aber die Sicherheit einen Beruf gewählt zu haben, in dem die Arbeit auch in den kommenden Jahren nicht ausgehen wird.

Auch Arnd Schümann, 23, hat sich seinen Handwerksberuf ganz gezielt ausgesucht. Nach dem Abitur hatte er als Zivi beim Arbeiter-Samariter-Dienst alte Menschen versorgt und

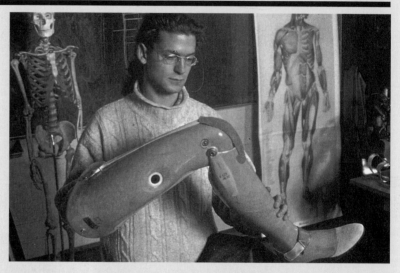

Interesse an der Medizin gefunden. „Ich wollte aber unbedingt etwas Handwerkliches machen. Beim Arbeitsamt bin ich dann auf den Beruf des Orthopädiemechanikers gestoßen."

In einer dreieinhalbjährigen Ausbildung lernt Schümann nun, Prothesen und Einlagen herzustellen und anzupassen. Ein fachlich anspruchsvoller Beruf, der ihm das Gefühl vermittelt, etwas Sinnvolles zu tun. Vor allem hat

dieser Beruf Zukunft und bietet gute Möglichkeiten, sich selbständig zu machen.

„Die Chancen in den Gesundheitsberufen sind ausgezeichnet. Je mehr die Bevölkerung altert, desto größer wird die Nachfrage nach handwerklichen Gesundheitsdiensten – etwa von Hörgeräteakustikern, Zahntechnikern und Augenoptikern."

... ist im Spiel *plays a part*

nüchterner *literally: 'more sober', here: less romantically*

das Spanholz *chipboard*

die Arbeit wird nicht ausgehen *there will be no shortage of work*

beim Arbeiter-Samariter-Dienst *the Workers' Samaritan Service*

das Arbeitsamt (¨er) *Job Centre*

die Prothese (-n) *artificial limb/joint*

die Einlage (-n) *support*

anpassen *to fit*

ein Beruf, der ihm das Gefühl vermittelt *a job which gives him the feeling*

je mehr ... desto *the more ... the*

der Hörgeräteakustiker (-) *hearing aid technician*

---

1 What initially motivated Gerrit and Arnd to take up their particular careers?

2 Which paragraph tells you that the opportunities in the health sector are particularly good?

3 What are the reasons for this?

9 What reasons did Gerrit Schüen and Arnd Schümann give for choosing their respective careers? Using information and vocabulary from the article you have just read, fill the gaps in these sentences.

1 _____ _____ begann seine _____ _____

_____ .

2 _____ _____ wollte mit _____ _____

arbeiten.

3 _____ _____ wollte _____ sein.

4 _____ wollte _____ selbst _____ .

5 Die Arbeit wird _____ _____ _____

_____ Jahren nicht _____ .

6 _____ _____ ist beim _____ auf den Beruf des

_____ gestoßen.

7 Es ist ein fachlich _____ Beruf.

8 _____ _____ hat das Gefühl, etwas _____ zu

_____ .

9 Der Beruf bietet _____ Möglichkeiten, sich _____ zu

_____ .

10 Two of the many German craftsmen of the nineteenth century, whose pioneering work developed into the large industries of the twentieth century, were **Gottlieb Daimler** and **Carl Benz**. It is interesting to know that the two craftsmen never actually met. Today, Daimler-Benz AG are the producers of Mercedes cars.

Read the profiles of Gottlieb Daimler and Carl Benz, which record some of the key dates and events in their lives. Check that you understand them. You will notice that all the entries use nouns rather than verbs.

der Aufbau (-bauten) *setting up*	**der Sieg (-e)** *victory*	**die Herstellung (-en)** *production*
die Versuchswerkstatt *experimental workshop*	**die Unterstützung** *support*	**der Zusammenschluss** *merger*
	die Gründung (-en) *founding*	**das Unternehmen (-)** *company*

Gottlieb Daimler

1834 Geburt in Schorndorf bei Stuttgart

Besuch der polytechnischen Hochschule in Stuttgart

1862 Aufbau einer Versuchswerkstatt in Cannstatt bei Stuttgart

1883 Entwicklung des ersten Benzinmotors (mit Wilhelm Maybach)

1885 Bau des ersten Benzin-Motorrads der Welt (zusammen mit Wilhelm Maybach)

1899 Sieg eines Daimlerwagens beim internationalen Autorennen in Nizza (Südfrankreich)

Danach finanzielle Unterstützung der Firma durch den österreichischen Großkaufmann Emil Jellinek

Name von Emil Jellineks Tochter: Mercedes

1900 Daimlers Tod in Cannstatt

Carl Benz

1844 Geburt in Karlsruhe

Ausbildung als Ingenieur

Gründung der Gasmotorenfabrik & Cie in Mannheim

1885 Herstellung des ersten dreirädrigen Benzin-Motorwagens

1886 Patente für den ersten Motorwagen

1929 Tod von Benz in Ladenburg (85 Jahre)

1926 Zusammenschluss der Benz & Cie Gasmotorenfabrik, Mannheim mit der Daimler Motorengesellschaft.

Name des neuen Unternehmens: Daimler Benz AG

 To revise and practise the perfect tense, select the appropriate verb from the list below and complete the gaps in the accounts of Gottlieb Daimler's and Carl Benz's lives.

Gottlieb Daimler

Er wurde 1834 in Schorndorf bei Stuttgart geboren. Er _____ die

polytechnische Hochschule in Stuttgart _____ .

   1862 _____ er eine Versuchswerkstatt in Cannstatt _____ .

   1883 _____ er zusammen mit Wilhelm Maybach den ersten Benzinmotor

_____ . 1885 _____ er und Wilhelm Maybach das erste Benzin-

Motorrad der Welt _____ . Bei einem internationalen Autorennen 1899 in Nizza

_____ ein Daimlerwagen _____ .

   Danach _____ der österreichische Großkaufmann Emil Jellinek die Firma

finanziell _____ . Emil Jellineks Tochter, Mercedes, _____ der Marke den Namen _____ . Im Jahre 1900 _____ Gottlieb Daimler in

Cannstatt _____ .

Carl Benz

Er wurde 1844 in Karlsruhe geboren. Er _____ eine Ausbildung als Ingenieur

_____ . Er _____ in Mannheim die Gasmotorenfabrik & Cie

_____ .

1885 _____ er den ersten dreirädrigen Benzin-Motorwagen _____ .

1886 _____ er Patente für den ersten Motorwagen _____ .

Im Alter von 85 Jahren _____ er in Ladenburg _____ .

1926 _____ _____ die Benz & Cie Gasmotorenfabrik, Mannheim,

mit der Daimler Motorengesellschaft _____ .

Das neue Unternehmen _____ den Namen Daimler Benz AG

_____ .

bauen • unterstützen • herstellen • Ausbildung machen • sterben • besuchen •
aufbauen • siegen entwickeln • sich zusammenschließen • Patente erhalten •
gründen • den Namen geben • den Namen erhalten

Checkliste

By the end of *Teil 2* you should be able to

○ recognise language to do with job titles, duties and responsibilities (*Lerneinheit 4*, Activities 1–3; *Lerneinheit 6*, Activity 1)

Seiten 23–2 36

○ use some verbs with prepositions and identify their appropriate case (*Lerneinheit 4*, Activity 5)

Seite 25

○ understand questions with *wo* + prepositions, e.g. *wofür*, *womit* (*Lerneinheit 4*, Activity 6)

Seite 26

○ use some verbs as nouns (*Lerneinheit 4*, Activity 8)

Seite 28

○ use *denn* and *weil* (*Lerneinheit 5*, Activity 3)

Seite 31

○ use some expressions giving reasons for liking or disliking something (*Lerneinheit 5*, Activity 4)

Seite 32

Beruflicher Werdegang

In *Teil 3*, you will be looking at three further aspects of careers. In *Lerneinheit 7*, *Bildung und Ausbildung*, the focus is on training for jobs. In *Lerneinheit 8*, *Berufliche Entwicklung*, you will see how careers develop. In *Lerneinheit 9*, *Stellenwechsel*, you will look at the process of changing jobs.

By the end of *Teil 3*, you should be able to talk about education and training, career development and career change. You will have revised past tenses and gained skills in the use of informal expressions and telephone conversations, particularly with a business angle.

Lerneinheit 7 Bildung und Ausbildung

Formal education is the major theme of *Lerneinheit 7*. You will look at how schooling and training lead to particular careers. There are three topics: *Education and training*, *Unusual career patterns*, where you will hear about other people's careers, and *Your own working life*, where you will get a chance to write about yourself. *Lerneinheit 7* begins with some brief background information about the German education system. Then you will hear people describing how the system worked for them.

By the end of *Lerneinheit 7*, you will have had a lot of practice in describing education and training, both orally and in writing, and will have revised the use of the perfect and imperfect tenses.

Topic	Activity and resource	Key points
Education and training	1–2 *Übungskassette*	listening to accounts of people's education
	3–6 **Text**	practising the imperfect tense
Unusual career patterns	7–8 **Text**	working on texts about early school leavers
Your own working life	9 **Text**	writing about your own education and training

STUDY CHART

Teil 3

WISSEN SIE DAS?

Under the federal constitution the provision of primary and secondary schools in Germany is the responsibility of the federal states (*Länder*). Each *Land,* therefore, administers a structured and centralised education system in its own right but within a nationally agreed framework – though there can be minor differences between each *Land,* depending on its traditions and political persuasions.

Children start school at the age of six in Germany, when they attend the *Grundschule*. All young people in Germany must remain in some form of education, vocational or other, until the age of 18.

In Germany there are five types of secondary school. First, there are *Sonderschulen* (special schools) for children with learning or other difficulties and *Gesamtschulen* (comprehensive schools), mainly found in the northern *Länder* and catering for a relatively small percentage of young people – about 3%. Then there are three types of school based on selection. These are the *Gymnasium*, a grammar school for ages 10–19; the *Realschule*, for pupils 10–16, and the *Hauptschule* for pupils 10–15/16. *Hauptschulen* and to some extent *Realschulen* cater for the vocational element of the education system, although the percentage of the school population attending *Hauptschulen* is decreasing.

In some *Länder,* children work through a two-year *Orientierungsstufe* before the final decision about secondary school is made.

  In *Hörabschnitt 9* four people describe their education and training. The diagram below outlines the stages of training and education in Germany – trace the speakers' progress on it as they talk. Note down which stages they went through (*Grundschule*, etc.) and what they did there (e.g. *Abitur*).

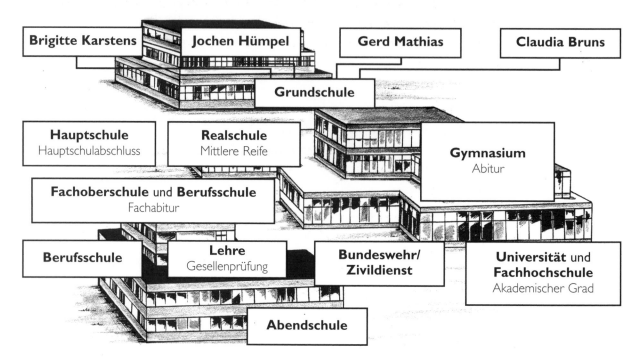

Gerd Mathias	Brigitte Karstens	Claudia Bruns
folgendermaßen *in the following way*	**die Stärke (-n)** *strength, forte*	**der/die Azubi** *(acronym for Auszubildende) trainee*
der Abschluss *leaving certificate*	**die Kunst (¨e)** *art*	**die Bankkauffrau (-en)** *qualified bank clerk (female)*
der Werkzeugmechaniker (-) *tool mechanic*	**Jochen Hümpel**	**die Abteilung (-en)** *department*
die Gesellenprüfung (-en) *examination concluding apprenticeship*	**ergreifen** *to take up (a career)*	**die Betriebswirtschaft** *Business Studies*
	sich entscheiden *to decide*	**bereuen** *to regret*
	der Zahntechniker (-) *dental technician*	
	die Aussichten *(pl) prospects*	

  Now listen to *Hörabschnitt 9* again, and this time write down the answers to these questions in German.

Note that the verb *studieren* is only used in the context of Higher Education. The verb *lernen* is used here to mean 'do an apprenticeship'.

Gerd Mathias

das Fach (¨er)
subject

1 Wie lange hat er die Grundschule besucht?
2 Auf was für einer Schule war er danach?
3 Was hat er nach der Schule gemacht?
4 Hat die Lehre zwei oder drei Jahre gedauert?
5 Wann hat er die Gesellenprüfung abgelegt?

Brigitte Karstens

6 Was für eine Schule hat Brigitte Karstens nach der Grundschule besucht?
7 Welche Fächer hat sie in der Schule gern gemacht?
8 Welches Fach studiert sie auf der Universität?
9 Wie lange hat sie schon studiert?

Jochen Hümpel

10 Wie lange war er Schüler im Gymnasium?
11 Was hat er nach dem Abitur gemacht?
12 Hat er studiert oder eine Lehre gemacht?
13 Was hat er gelernt?

Claudia Bruns

14 Was für eine Lehre hat sie gemacht?
15 Nach Abschluss der Lehre hat sie bei der Sparkasse weitergearbeitet. Wie lange?
16 Wo hat sie das Fachabitur nachgemacht?
17 Wie lange hat sie an der Fachhochschule Betriebswirtschaft studiert?

USING the imperfect tense

While listening to Gerd Mathias in *Hörabschnitt 9*, you will have heard him use the perfect tense:
„Zuerst habe ich die Grundschule *besucht* … und bin dann zu einer Maschinenbaufirma *gegangen.*“
The perfect tense is quite common in spoken German, though he could equally have used the imperfect tense.
Zuerst *besuchte* ich die Grundschule und dann *ging* ich zu einer Maschinenbaufirma.
Whichever tense he used, the meaning would have been the same.

The use of tenses in German is less precise than in many other languages. It is correct German to use either the perfect tense (*ich habe besucht*) or the imperfect tense (*ich besuchte*), though there can be differences in spoken or written German, depending on the nature of the text and its context.

In most parts of Germany, Austria and the German-speaking part of Switzerland, you are likely to hear the perfect tense used almost exclusively when people speak, though they will often use the imperfect when they write. The modal verbs are usually used in the imperfect, rather than the perfect tense.

To form the imperfect tense in regular verbs you insert a '*-t-*' between the stem of the verb and its ending. Even the irregular form follows a distinct pattern, as you see from the table below:

machen (regular)	**kommen** (irregular)	**wollen** (modal verb)
ich mach-t-e	ich kam	ich wollte
du mach-t-est	du kamst	du wolltest
er/sie/es mach-t-e	er/sie/es kam	er/sie/es wollte
wir mach-t-en	wir kamen	wir wollten
ihr mach-t-et	ihr kamt	ihr wolltet
Sie macht-en	Sie kamen	Sie wollten
sie mach-t-en	sie kamen	sie wollten

You need to learn the most common irregular verbs, including the modals, as you come across them. They are listed in most grammar books and dictionaries. You should also get into the habit of compiling your own list in your *Notizbuch*.

The next four activities will help you to practise the imperfect tense.

3 First, here is some practice in identifying examples of the imperfect tense. Below are the transcripts of what Brigitte Karstens and Jochen Hümpel said in *Hörabschnitt 9*. Read them carefully and pick out all examples of the imperfect.

Brigitte Karstens

Ja, nach der Grundschule bin ich aufs Gymnasium gegangen, hab' da mein Abitur gemacht. Auf der Schule war Physik meine Stärke, auch Kunst hat mir großen Spaß gemacht, und ich wollte dann beides irgendwie kombinieren. So bin ich dann auf die Idee gekommen, Architektur zu studieren. Also, ich habe jetzt acht Semester hinter mir und hoffe, bald mein Examen zu machen.

Jochen Hümpel

Also, äh, vier Jahre Grundschule, dann neun Jahre Gymnasium, wo ich das Abitur ganz gut gemacht hab'. Nach dem Abi musste ich dann erst zur Bundeswehr, und dann stellte sich die Frage, soll ich studieren oder lieber einen Lehrberuf ergreifen? Ich hab' mich dann für die Lehre entschieden, und zwar hab' ich Zahntechniker gelernt, weil die Berufsaussichten hier recht gut sind.

4 Next, still using the information about Frau Karstens and Herr Hümpel, complete the gaps in these two paragraphs with the imperfect form of the verbs, selecting the appropriate word from the list below.

1 Nach der Grundschule _____ Brigitte Karstens aufs Gymnasium, wo sie ihr

Abitur _____ . Auf der Schule _____ sie gern Physik und Kunst.

Sie _____ beides kombinieren und _____ auf die Idee,

Architektur zu studieren.

> machte • wollte • ging • lernte • kam

2 Nach der Grundschule _____ Jochen Hümpel neun Jahre das Gymnasium,

wo er die Abiturprüfung _____ . Danach _____ er zur

Bundeswehr gehen. Er _____ nicht studieren, deshalb _____ er

eine Lehre als Zahntechniker.

> absolvierte • musste • wollte • besuchte • ablegte

5 Finally, change the verbs in this passage about Gerd Mathias from the present to the imperfect tense.

Gerd Mathias besucht die Grundschule, dann geht er in die Hauptschule, wo er seinen Abschluss macht. Er lernt Werkzeugmechaniker bei einer Firma. Seine Lehre dauert drei Jahre. Anschließend legt er seine Gesellenprüfung ab, danach kommt sein Zivildienst.

6

You will be practising both imperfect and perfect tenses in the next three activities.

Now you can practise writing in the imperfect tense. Complete these profiles of Katrin Weber's and Heiko Landers' education and training, using the imperfect tense – the first gap is filled for you. The verbs you should use are given in English.

Katrin Weber __*besuchte*__ von 1958–1962 die Grundschule in Tübingen. Sie

_____ (*went*) aufs Gymnasium und _____ (*did*) das Abitur. Dann

_____ (*did*) sie ein Praktikum und _____ (*went*) schließlich auf die

Universität, wo sie Tiermedizin _____ (*studied*). Das Studium _____

(*lasted*) sechs Jahre.

Heiko Landers _____ (*attended*) die Grundschule in Flensburg und danach

_____ (*went*) er in die Realschule, wo er die Mittlere Reife _____

(*did*). Dann _____ (*did*) er drei Jahre lang eine Lehre als Versicherungskaufmann

bei der Allianz. 1989 _____ (*came*) er in die Bundeswehr und _____

(*stayed*) ein Jahr.

7

In this article, two women talk about their reasons for having left school early, and what made them decide to return to education later in life.

This article is about Gülten Akdemir and Miriam Surace. The text which deals with them is divided according to what happened before they both took the decision to go back into education and their subsequent success. In this activity you should concentrate on the first part of their lives.

Read each text and then the sentences which follow. Which reason goes with which person? Put a cross in the correct box.

hingehen *to go there (in this case: to school)*

die Trennung (-en) *separation*

unterstützen *to support*

die Gehbehinderung (-en) *limp*

gemein *cruel, awful*

der Entschluss (-̈e) *decision*

rumjobben *to go from (temporary) job to job*

neidisch *envious*

gestehen *to admit, confess*

sie hat mehr drauf *she can do better (colloquial)*

Gülten Akdemir

„Als ich elf Jahre alt war, wurde mein Vater krank, und wir sind zurück in die Türkei. Ich konnte kaum noch türkisch, und in der Schule hat sich keiner um mich gekümmert – deshalb bin ich da kaum noch hingegangen", erzählt Gülten Akdemir, die heute 20 Jahre alt ist. Als sie mit 18 zurück nach Deutschland kam, hatten ihre Freundinnen von damals das Abi. Sie stand ohne Abschluss da, sprach nur noch schlecht deutsch und bekam auch keine Arbeit. „Ich wusste, dass ich was tun musste." Gülten hat sich aufgerafft, hat sich trotz ihrer Sprachprobleme bei der Volkshochschule angemeldet und ihren Hauptschulabschluss nachgemacht. „Am Anfang habe ich kaum den Mund aufgemacht und war ein paarmal drauf und dran, alles hinzuschmeißen. Heute habe ich den Abschluss, ich spreche gut deutsch, kann mitreden, habe viele Freunde und mache weiter. Jetzt will ich auch die Fachoberschulreife schaffen!"

Miriam Surace

Miriam Surace ist mit 15 Jahren vom Gymnasium runtergegangen, weil sie nach der Trennung ihrer Eltern ihre Mutter finanziell unterstützen wollte. „Damals in der Schule hatte ich eine Gehbehinderung, und meine Mitschüler waren eigentlich recht gemein zu mir", erinnert sie sich. So fiel der Entschluss leicht, die Schule zu verlassen. Miriam jobbte so rum, kellnerte zum Beispiel in der Eisdiele. „Aber als ich da meine alten Klassenkameraden sah, die alle ihr Abitur in der Tasche hatten, da wurde ich richtig neidisch", gesteht sie. Sie fühlte, dass sie mehr drauf hat, nahm sich ein Herz und ging 1991 wieder zur Abendrealschule Duisburg. Nachdem Miriam erfolgreich ihre Fachoberschulreife gemacht hat, weiß die 20jährige Mutter eines 8 Monate alten Kindes heute genau, was sie will: Sie will das Abendgymnasium fertig machen, studieren und dann in einer Werbeagentur arbeiten.

Reasons why problems arose

			Gülten Akdemir	Miriam Surace
1	**a**	Alles begann damit, dass ihre Eltern sich getrennt haben und es finanzielle Schwierigkeiten gab.	❑	❑
	b	Alles fing mit einer Krankheit in der Familie an.	❑	❑

Reasons why they left school

			Gülten Akdemir	Miriam Surace
2		Sie hat die Schule verlassen,		
	a	weil die Familie aus Deutschland weggezogen ist.	❑	❑
	b	weil sie Geld verdienen wollte.	❑	❑

Reasons for going back to education

			Gülten Akdemir	Miriam Surace
3		Sie ist wieder zur Schule gegangen,		
	a	weil sie die Klassenkameraden mit Abitur beneidete.	❑	❑
	b	weil sie keine Arbeit finden konnte.	❑	❑

8   Now read each text again to find out who has got which qualifications, and what their future plans are.

			Gülten Akdemir	Miriam Surace
1		Does either of them have		
	a	Abschluss an der Fachoberschule?	❑	❑
	b	Abitur am Abendgymnasium?	❑	❑
	c	Hauptschulabschluss auf der Volkshochschule?	❑	❑
2		Would either of them like to do the following?		
	a	die Fachoberschulreife machen	❑	❑
	b	das Abitur machen	❑	❑
	c	in einer Werbeagentur arbeiten	❑	❑
	d	Germanistik studieren	❑	❑

9   To sum up all that you have covered in *Lerneinheit 7*, it's your turn to write about 100 words on your own education and training, again using the imperfect tense. Include the following information and the phrases overleaf:

- your schooling (where, for how long, qualifications …)
- anything you did before going on to the next stage
- further/higher education
- training (where, for how long)
- what you're doing now, and future plans

These phrases will help:

- Mit … Jahren ging ich in die Grundschule
- Von … bis besuchte ich die …schule in …
- 19… machte ich ein Examen
- legte ich eine Prüfung ab

- Mein Studium …
- Meine Ausbildung dauerte …
- Ich studierte …
- Ich lernte …
- Heute bin ich als … tätig
- Ich studiere auch … an der Fernuniversität
- Ich bin im Ruhestand
- Ich möchte später …

Zwischen Schule und	Lehre	wollte ich	Geld verdienen
	Universität		eine Reise machen
	Arbeit		ins Ausland gehen
	Ausbildung	machte ich	ein Praktikum
		arbeitete ich	bei einer Firma

Lerneinheit 8 **Berufliche Entwicklung**

Jobs are changing for more and more Germans, often in the aftermath of re-unification. Some people are more successful than others, as you will hear in *Lerneinheit 8*. In the first topic, *Changing careers*, you will find out more about the career patterns of some people from Tübingen and Leipzig. The second topic, *A textbook career*, concentrates on the success of Martina-Elvira Lotzmann. The third topic is *Die Wende and the job market*.

By the end of *Lerneinheit 8*, you will not only have increased your knowledge of the language needed to talk about career development, but will also have practised talking about the past and outlining advantages and disadvantages.

STUDY CHART

Topic	Activity and resource	Key points
Changing careers	1 **Video**	watching the video for general comprehension
	2 **Video**	watching the video for detail
	3 **Video**	filling in perfect and imperfect tense
	4 **Text**	practising the imperfect tense
	5 **Text**	practising word order after *als*
A textbook career	6–7 *Hörbericht*	checking you've understood the *Hörbericht*
	8 *Hörbericht*	finding German equivalents of English phrases about work
Die Wende and the job market	9 **Text**	preparing for an interview about the effects of the *Wende*
	10 *Übungskassette*	taking part in an interview about the effects of the *Wende*
	11 **Text**	writing a brief biography of an east German woman

09:53–11:42

ABM = **Arbeits-beschaffungs-maßnahme (-n)** *job creation scheme*

Dr. Wilfried Setzler ist Leiter des Kulturamts der Stadt Tübingen. Die Setzlers wohnen in einem Einfamilienhaus in der Stadtmitte. Sie haben drei Kinder.

Frau Gahre ist als Ingenieur-Ökonom für Bauwesen ausgebildet und hatte bis zur Wende eine gute Stelle in der Bauindustrie. Danach war sie zunächst arbeitslos und hatte dann eine ABM-Stelle in einem Bürgerbüro.

Georg Rübling ist in Königsberg in Ostpreußen (heute Kaliningrad in Russland) geboren. Er hat den größten Teil seines Lebens in Leipzig verbracht. Nach der Wende ist er Besitzer einer Taxifirma geworden.

Dr. Setzler, Frau Gahre and Herr Rübling have all gone through substantial changes in their working lives. Watch them in the third part of the video. Then answer these three general questions, to check your understanding of the gist of what you have seen.

1 What did Dr. Setzler study at university?

2 What is Frau Gahre doing at the moment?

3 During the Leipzig spring and autumn trade fairs in the former German Democratic Republic, private individuals had the opportunity to help out and earn extra cash. What did they do?

2

09:53–11:42

First read these statements. Then watch the third part of the video again and decide whether the statements are *richtig* or *falsch*.

	RICHTIG	FALSCH
1 Dr. Setzler war früher Leiter des Kulturamts. Heute ist er am Institut für geschichtliche Landeskunde tätig.	❑	❑
2 Er hat Germanistik und Philosophie studiert.	❑	❑
3 Er arbeitet heute bei der Stadt, weil er von der Theorie weg in eine praktische Tätigkeit wollte.	❑	❑
4 Die ABM dauert höchstens zwei Jahre.	❑	❑
5 Frau Gahre war mit ihrer letzten Stelle nicht zufrieden.	❑	❑
6 Frau Gahre würde gerne weniger arbeiten.	❑	❑
7 Herr Rübling arbeitet heute für die Leipziger Messe.	❑	❑
8 Er hat früher bei der Leipziger Messe Taxi gefahren.	❑	❑
9 Das Taxifahren hat er früher als Nebenjob gemacht.	❑	❑
10 Er hat das zirka zwölf Jahre gemacht.	❑	❑

 3

09:53–11:42

Watch the third part of the video one last time. To focus on the use of past tenses, fill in the missing verbs in the transcripts below. You may have noticed that a mixture of the perfect and imperfect tenses is used.

Dr. Setzler

das Kulturamt (¨er) *Cultural Office/arts department of a town council*

geschichtliche Landeskunde *historical regional studies*

promovierter Historiker *person with a doctorate in history*

die Wissenschaft (-en) *science; here: academic discipline*

Frau Gahre

Ingenieur-Ökonom für Bauwesen *consulting engineer in the building industry*

sogenannt *so-called*

das Arbeitsamt (¨er) *Job Centre*

kriegen (= bekommen) *to get (colloquial)*

der Bürgerverein (-e) *here: Citizens' Association (similar to*

Citizens' Advice Bureau)

das Gesetz (-e) *law*

zulassen (sep) *to permit, allow*

Herr Rübling

die Möglichkeit bestand *the opportunity was there*

... haben nicht ausgereicht *were not sufficient*

ich bin 'reingewachsen *I grew into it*

Dr. Wilfried Setzler

Ich bin seit 1980 Leiter des Kulturamts. Ich _____ vorher am Institut für

geschichtliche Landeskunde, ich bin von Hause aus promovierter Historiker,

_____ Germanistik _____ und Kunstgeschichte, _____

dann allerdings zur Stadt _____ , weil ich von der Wissenschaft weg

_____ , mehr ins tätige, praktische Leben.

Edith Gahre

Im Moment _____ ich arbeitslos. Ich _____ schon mal arbeitslos fast zwei Jahre und _____ dann eine sogenannte ABM-Stelle _____ ,

Arbeitsbeschaffungsmaßnahme, die auch vom Arbeitsamt finanziert wird, und die kriegt man

höchstens für zwei Jahre, und diese zwei Jahre _____ am 19. Dezember letzten

Jahres vorbei. Ich würde gern dort weiter arbeiten. Ich _____ in einem

Bürgerverein hier in Gohlis tätig. Äh, es _____ eine völlige neue Arbeit für mich,

aber eine sehr interessante Arbeit, aber das Gesetz lässt es eben nicht zu, dass man gleich

weiter arbeitet.

Georg Rübling

Ja, zum Taxifahren _____ ich dadurch _____ , dass nur in Leipzig die

Möglichkeit _____ , neben seiner eigentlichen täglichen Arbeit Taxi zu fahren

während der Frühjahrs- und Herbstmesse. Während der Messen _____ die

staatlichen Taxis nicht _____ , und es _____ Privatleute mit ihrem

Auto Taxi fahren. Und das _____ ich zirka 20 Jahre auch _____ und

_____ somit in diesem Beruf schon lange _____ .

4 Now you will find out a bit more about Herr Rübling's educational and professional background. Fill in the correct form of the verbs in the gaps, using the imperfect tense. The infinitives of the verbs needed are given in brackets.

Herr Rübling _____ (*besuchen*) die Schule in Jena, wo er auch seine

Abiturprüfung _____ (*ablegen*). Anschließend _____ (*lernen*) er

Chemielaborant. Junge Männer in der Ex-DDR _____ (*müssen*) zum

Militärdienst, aber Herr Rübling _____ (*brauchen*) das nicht. Zwei Jahre nach der

Lehre _____ (*machen*) er ein Lehrerstudium und _____ (*sein*) dann

viele Jahre als Lehrer tätig.

Später _____ (*arbeiten*) er auch als Dozent im Bereich EDV (Elektronische

Daten-Verarbeitung). Während dieser Zeit _____ (*studieren*) er auch noch

Ökonomie im Fernstudium. Als er nach fünf Jahren damit fertig war, _____ er

seine Lehrtätigkeit _____ (*aufgeben*). Danach _____ (*konzentrieren*)

er sich nur noch auf seine Arbeit in der Ökonomie. Nach der Wende _____

(*machen*) er sich selbständig und _____ (*gründen*) sein eigenes Taxiunternehmen,

in dem er auch heute noch tätig ist.

USING *als* with the past tense

When referring to events which took place in the past, you need to use *als* with the imperfect or present perfect tense to express 'when'.

Like other clauses beginning with, e.g. *wenn*, or *weil*, the verb goes to the end of the clause.

Check that you know the correct word order after *als* by making these collections of words into proper sentences.

1. sie/arbeitslos/Zeit/hatte/viel/war/als/sie
2. dem/konnte/war/seine/Lehrtätigkeit/er/als/aufgeben/fertig/Studium/er/mit
3. Telefon/Sonja/kamen/Bettina/als/Hause/nach/klingelte/das/und

Hörbericht 3

In *Hörbericht 3, Eine Bilderbuchkarriere*, you will hear Frau Martina-Elvira Lotzmann describing her career in Leipzig since the *Wende*. You will hear how she has successfully adapted her business to changing circumstances. Listen to the *Hörbericht* and answer the questions below in English.

das Modezentrum (-tren) *fashion centre*	**der Kunde (-n)** *customer*	**der Erfolg (-e)** *success*
die Mode (-n) *fashion*	**vor dem Bankrott stehen** *to face bankruptcy*	**hektisch** *hectic*
der Mensch (-en) *human being*	**die Marktlücke (-n)** *gap in the market*	**quatschen** *to chat (colloquial)*
das Hundefutter *dog food*	**der Knackpunkt (-e)** *here: the point of breakthrough*	**leichtsinnig** *careless*
der Großhandelsbetrieb (-e) *wholesale company*		**der Schnickschnack** *tittle-tattle (colloquial); here: a touch of frivolity*
		der Schmuck *jewellery*

1. What does Frau Lotzmann think about fashion?
2. What did Frau Lotzmann do before she became involved with the fashion business?
3. Why did Frau Lotzmann face bankruptcy?
4. What did she discover following the *Wende*?
5. Why did she receive the title 'Manager of the Year'?
6. Describe her working day.
7. What does she consider to be important when working with colleagues?
8. What does she think about her own designs?

Hörbericht 3

Now listen to *Hörbericht 3* again. Your next, and more detailed task is to spot the mistakes in each of the statements overleaf by checking this version against the version in the *Hörbericht*.

1 Es ist, glaub' ich, ein Ausdruck des privaten Stils.

2 Dann war sie Managerin von einem Großhandelsbetrieb.

3 Nach der Wende gab es nur wenige sowjetische Soldaten.

4 Diese Marktlücke hat sie genutzt.

5 Das Modezentrum hat Filialen in Polen, Weißrussland, Lettland und in der Ukraine.

6 Das war natürlich dann irgendwann der Knackpunkt.

7 Im Modezentrum ist das Leben selten sehr hektisch.

8 Wenn ich hierher komme, habe ich eigentlich immer vollgeplante Termine, auf Minuten eigentlich geplant, weil absolut viel Zeit besteht.

9 Ich bin eigentlich immer zu Hause zu Gast.

10 Das Zweite ist, dass ich selbst natürlich sehr energisch bin.

11 Ich werde sie tragen, nein! Die sind einfach zu schön, die muss man tragen.

Hörbericht 3

Now listen to *Hörbericht 3* again and this time note down the German equivalents of the expressions listed here.

1 After that I had no peace any more.

2 Such enormous success has consequences.

3 I'd like to speak to Herr Wilhelm.

4 We need them most urgently.

5 This gets my family down, but the family supports me.

6 I don't think I could live without this work.

LERNTIP

The German suffix *-bar* often translates the English suffix '-able/-ible'. So if the German for 'wearable' is *tragbar*, what is the German for edible, drinkable, readable, thinkable, repairable, acceptable?

Did you get them all? *Wunderbar!* Next time you buy food with a 'use by' tag in several languages, look at what the German is for this. (You can also find it in the *Lösungen*.)

9

In the next activity you will be talking to Frau Beate Henschel from the *neue Bundesländer* about *vor der Wende* and *nach der Wende*. Prepare your questions in writing first.

- First, ask Frau Henschel what she does for a living.
- Ask if she did this before the *Wende*.
- Ask how she found this new job.
- Ask whether she likes her job.
- Finally, thank Frau Henschel for the interview, and say good-bye.

Look at the vocabulary, then take part in the interview in *Hörabschnitt 10*.

When you have completed the interview, go through it again and make notes about Frau Henschel's replies. You will be using these notes in the next activity to write a brief biography of Frau Henschel.

die Schriftsetzerin (-nen) *typesetter (female)*	**arbeitslos** *unemployed*
die Druckerei (-en) *printing company*	**langfristig** *in the long term*

 Now use the notes you made about Frau Henschel and write about 100 words in German to cover the following points.

- What did she do before the *Wende*?
- What happened to the firm she used to work for?
- What does she do now and how did she find her new job?
- What does she like and dislike about her new job?

Lerneinheit 9 **Stellenwechsel**

In *Lerneinheit 9*, you will hear from some people who have made major career changes. The first topic is *Job and career change*. In the second topic, *Planning for the future*, a nurse talks about her job-hunting plans. The third topic is *Working on telephone calls*, since knowing what to say on the telephone is a crucial skill in the world of work.

By the end of *Lerneinheit 9*, you will also have practised talking about the past and the future in the context of jobs, as well as expressing intentions.

Topic	Activity and resource	Key points
Job and career change	1–3 Text	reading about people who have changed jobs for the better
	4–5 Text	writing about job changes in the past
Planning for the future	6 *Übungskassette*	listening to a conversation about future job plans
	7 Text	working on a text about searching for a job
	8 Text	practising expressions concerning intentions, plans and preferences
Working on telephone calls	9 *Übungskassette*	checking you've understood typical phone conversations
	10 Text	working on standard phrases for phone calls
	11 *Übungskassette*	doing more work on phone calls
	12 *Übungskassette*	practising standard phrases for business phone calls

STUDY CHART

In the first three activities in this *Lerneinheit* you will be reading about Marie-Luise Hartmann, a hotel manager, and Silvia Kinderleicht, a writer. Both have changed jobs and, indeed, careers, in recent years.

First, read the article about Marie-Luise Hartmann, then answer the questions below in English.

der zweite Bildungsweg (-e) *'the second educational route' – a chance for adults to catch up on qualifications*

der Versand *dispatch*

sich hoch- arbeiten (sep) *to work your way up*

die Aufstiegs- möglichkeit (-en) *prospect of promotion*

Marie-Luise Hartmann

Es geht auch anders

Ich hatte mich mühsam über den zweiten Bildungsweg zur Versandleiterin einer Frankfurter Porzellanfabrik hochgearbeitet. Das bedeutete, dass ich alle Büroarbeiten erledigen musste, ständig am Telefon hing oder vor dem Computer saß und fast nie unter die Menschen kam. Weiter ging es nicht. Man bot mir keine Aufstiegsmöglichkeiten, sicher weil die Herren der Geschäftsleitung annahmen, dass ich als allein erziehende Mutter genug zu tun hätte. Aber ich wollte unbedingt wechseln und habe die Stellenangebote in den Zeitungen gründlich studiert. Überraschend schnell fand ich eine Traumstelle: Seit Juli leite ich den Empfang in einem großen Luxushotel hier in Frankfurt. Es macht mir sehr viel Spaß. Ich führe zehn Mitarbeiter und habe viel mehr Kompetenzen – und ich bin den ganzen Tag unter Menschen. Frauen haben hier echte Chancen, weil das Management wirklich offen ist.

1 What was Marie-Luise Hartmann's previous job?

2 Why was she not offered promotion?

3 How did she go about looking for a different job?

4 What does her new job entail?

5 Why does she like the new job so much?

2 Now concentrate on the last part of the article, which deals with Marie-Luise Hartmann's new position. These sentences have been jumbled up. Match up the two halves. This will give you the four reasons why Marie-Luise likes her new job.

Was gefällt Frau Hartmann an ihrer neuen Arbeit?

1 Jetzt führt sie …
2 Das Management …
3 Sie hat …
4 Man bietet ihr …

a … echte Chancen.
b … zehn Mitarbeiter.
c … ist sehr offen.
d … viel mehr Kompetenzen.

3 Now meet Silvia Kinderleicht and find out why she changed her career. Read the article and then answer the questions below in English.

aufreibend
demanding, stressful

die Sorge (-n)
worry

die Angst (¨e)
fear, anxiety

verkraften *to cope with*

zufälligerweise
by chance

geerbt *(from erben) inherited*

den Unterhalt verdienen *to earn one's living*

kündigen *to hand in one's notice*

wagemutig
daring, bold

die Entscheidung (-en)
decision

Silvia Kinderleicht

Die beste Entscheidung meines Lebens

In meinem Beruf als Krankenpflegerin habe ich mich seit Jahren über den skandalös schlechten Verdienst geärgert. Nicht nur das. Es ist wirklich eine aufreibende Arbeit. Mir machte der direkte Umgang mit Menschen zwar Spaß, aber man muss auch all deren Sorgen und Ängste verkraften, was manchmal einfach zu viel ist. Und die Chefärzte sind auch nicht immer gerade freundlich! Eines Tages konnte ich einfach nicht mehr weiter. Zufälligerweise hatte ich von meiner Tante Elisabeth Geld geerbt. Ich musste also meinen Unterhalt nicht mehr verdienen, sondern konnte kündigen, ohne etwas Neues zu haben.

Etwas wagemutig beschloss ich, endlich meinem Traumwunsch nachzugehen. Ich kaufte mir den besten Computer und fing an zu schreiben! Innerhalb von einem Jahr war mein erstes Buch in Buchhandlungen zu kaufen und ich arbeite schon am zweiten. Toll, nicht wahr? Das war die beste Entscheidung meines Lebens.

1 What frustrated Silvia Kinderleicht about being a nurse?

2 Why was she able to hand in her notice?

3 Why does she consider her career change to have been the best decision of her life?

4 Now imagine that you are Silvia Kinderleicht and answer the questions below. Draft your answers in German and say them out loud.

1 Was machen Sie beruflich?

2 Was haben Sie vorher gemacht?

3 Warum haben Sie gekündigt?

4 Warum gefällt Ihnen Ihre neue Arbeit?

5 In this written activity you will use some of the words and structures you have come across in the context of changing jobs. With the help of the vocabulary on page 63, write a personal letter of about 100 words to a friend. Cover the following points:

- explain why you recently moved house
- say that you have changed your job as a sales representative for a pharmaceutical company (*Pharmareferent/in*) because you had no career prospects and the pay was not very good either. Instead, you are training to become a primary school teacher
- ask your friend to pass on best wishes to his/her mother

umziehen *to move (house)*	**anstrengend** *exhausting*
Überstunden machen *to work overtime*	**kein gutes Arbeitsklima** *not a good working atsmosphere*
Aufstiegschancen *career prospects*	**eine undankbare Arbeit** *an unrewarding job*

eine Ausbildung machen *to train for a qualification*

die Pädagogische Hochschule *teacher training college*

  This activity looks at job plans and aspirations. Anne Habgut and Gabi Schumann used to work together as nurses in the local hospital. Gabi left when she started a family. They bump into each other again after a few years.

Listen to the dialogue in *Hörabschnitt 11* and answer the questions below in English.

Mensch, ... *human being (often used as an expression of surprise or astonishment)*	**vorhaben** *to intend/plan to do*	**ich werde mich bewerben** *I shall apply*
du wirst es nicht glauben *you won't believe it*	**die Sprechstundenhilfe (-n)** *receptionist, practice nurse*	
	das klingt gut *that sounds good*	

1 What does Gabi say about her children?

2 What are her plans for the near future?

3 What information did she get from her friend which might be of use to her?

7 Now complete this text, using the phrases given below.

Gabis Kinder gehen jetzt beide _____ _____ _____ . Sie

hat jetzt mehr _____ und möchte deshalb wieder arbeiten. Für sie kommt

eigentlich nur eine Arbeit _____ _____ _____ in Frage,

weil sie ihre _____ wieder anwenden und nicht irgendwo _____

_____ _____ sitzen möchte. Zum Glück hat Anne gehört, dass ein

Arzt eine _____ für seine _____ braucht. Das wäre für Gabi ideal,

weil das eine _____ ist und sie nur vormittags arbeiten möchte. Aber zuerst

muss Gabi sich um die Stelle _____ .

Berufskenntnisse • in einem Büro • bewerben • Freizeit • Teilzeitarbeit •
im medizinischen Bereich • Sprechstundenhilfe • in die Schule • Praxis

EXPRESSING intentions

Gabi's closing words were „*Da werde ich mich einfach mal bewerben*". She used the future tense with *werden* to express her intention of pulling herself together and applying for the job. The future tense is not used very often in German. Usually people just use the present tense, particularly if there is some indication about when something is likely to happen. If you wanted to say 'I'll come next summer' in German, you would use the present tense: *Ich komme nächsten Sommer.*

The future tense is used if there is no indication of time and if you wish to express an intention, as in Gabi's example above.

ich werde kommen   **wir werden kommen**

du wirst kommen   **ihr werdet kommen**

                             Sie werden kommen

er/sie/es wird kommen   **sie werden kommen**

You can express intention in other ways in addition to using the future tense. Here are four different possibilities, with examples:

vorhaben *(sep)*

Ich habe vor, nächsten Sommer zu kommen.   *I intend/plan to come next summer.*

Ich habe vor, mich um diese Stelle zu bewerben.   *I intend/plan to apply for this job.*

möchten/wollen

Ich möchte kommen.   *I would like to come.*

Ich will kommen.   *I want to come.*

Lust haben

Ich habe Lust zu kommen.   *I would love to come.*

die Absicht haben

Ich habe die Absicht zu kommen.   *I intend to come.*

---

8 Now practise using some of these expressions concerning intentions, plans and preferences by translating these sentences into German.

  1 I shall look after the children.

  2 I'll start at seven o'clock.

  3 I intend to do a computer course.

  4 I plan to work for a different company.

  5 I don't feel like working overtime.

  6 I don't fancy having responsibility.

  7 I intend to open a business (*Geschäft*).

  8 I intend to retire next year.

9

Finally, here is some telephone practice. In *Hörabschnitt 12* you will hear four telephone conversations. Each conversation has a different outcome – the caller gets put through, or asks to leave a message, and so on. Here are the key phrases from the four different types of conversation. Listen to *Hörabschnitt 12* and decide which conversation matches **a**, **b**, **c** or **d**.

a Telefongespräch …

Könnte ich bitte Herrn/Frau _____ sprechen?

Tut mir leid, Herr/Frau _____ ist im Moment nicht im Hause.

Können/könnten Sie ihm/ihr etwas ausrichten?

Ich rufe später noch mal an.

Auf Wiederhören!

b Telefongespräch …

Kann ich bitte Herrn/Frau _____ sprechen?

Tut mir leid, er/sie ist im Moment nicht da.

Soll ich ihm/ihr etwas ausrichten?

Wann kann ich ihn/sie erreichen?

Ich rufe später noch mal zurück.

c Telefongespräch …

Ich hätte gern Herrn/Frau _____ gesprochen.

Einen Moment bitte, ich verbinde Sie.

Auf Wiederhören!

d Telefongespräch …

Oh, entschuldigen Sie bitte, ich habe mich verwählt.

Auf Wiederhören!

10 When making phone calls there are certain standard phrases which you use over and over again, such as 'Can I speak to …?'. The four conversations you have just heard in Activity 9 are no exception. To check that you know what the phrases below mean, use the dialogues in Activity 9 to help you fill in the gaps.

What you want to do		**Was Sie sagen**
Apologise for dialling the wrong number.	**1**	
Ask to speak to someone.	**2**	*Kann ich bitte Herrn/Frau … sprechen?*
	3	
	4	
Tell the caller someone isn't available.	**5**	*Tut mir Leid, er/sie ist im Moment nicht da.*
	6	
Ask someone to pass on a message.	**7**	*Könnten Sie etwas ausrichten?*
	8	*Könnten Sie ihm ausrichten, dass …*
Offer to pass on a message.	**9**	
Tell someone he or she is being put through.	**10**	
Ask when someone will be available.	**11**	
Say you'll ring back later.	**12**	
Ask someone to wait.	**13**	
Say goodbye.	**14**	
	15	

 11 Now listen to all four telephone conversations in *Hörabschnitt 12* again. Write down the answers to these questions without referring to the dialogues in Activity 9 or the audio transcript, simply focus on the key telephone phrases from the last activity.

1 What message is left by Herr Zinkel in phone conversation 2?

2 What does Frau Schumann discuss with Dr. Schütte in conversation 4?

> **einen Termin vereinbaren** *to make an appointment*

 12 Now practise using key telephone phrases. Listen to *Hörabschnitt 13* and answer according to the prompts you hear.

Checkliste

By the end of *Teil 3* you should be able to

○ understand and have revised some verbs in the imperfect tense (*Lerneinheit 7*, Activities 3–6)

Seiten 49–50

○ understand and use the language associated with career change (*Lerneinheit 8*, Activities 2–4)

Seiten 55–56

○ understand the use of *als* with the past tense (*Lerneinheit 8*, Activity 5)

Seite 57

○ understand and use expressions of intention, including the future tense (*Lerneinheit 9*, Activity 8)

Seite 64

○ handle telephone conversations of different kinds (*Lerneinheit 9*, Activities 9–12)

Seiten 65–66

Teil 4

Wiederholung

As usual, *Teil 4* provides revision and consolidation of the work done in *Thema 3*. In *Lerneinheit 10, Chancen,* you will revise the use of tenses and separable verbs, and read about three successful east German women (including Martina-Elvira Lotzmann, whom you have already met). *Lerneinheit 11, Treffpunkte,* draws together much of the new language from *Thema 3* within the contexts of a dialogue about work, a translation into English and a school reunion.

By the end of *Teil 4*, you should have gained confidence in writing and talking about work, past and present.

Lerneinheit 10 Chancen

The first topic, *Normalerweise,* provides revision of work routines and how you describe them. In the second topic, *Rendezvous per Internet,* separable verbs are revised. In the third topic, *East German dress designers,* you will do a comprehension exercise and write a summary. The final topic is a useful item on *Noticeboards.*

STUDY CHART

Topic	Activity and resource	Key points
Normalerweise	1 Text	revising the present tense
	2 Text	revising the perfect tense
	3 Text	revising the imperfect tense
Rendezvous per Internet	4 Text	revising separable verbs
East German dress designers	5–6 Text	checking you've understood an article about three fashion designers
	7 Text	writing a summary of the article
Noticeboards	8 Text	translating work-related notices

1 Herr Merger is a teacher. In this activity, he talks about aspects of his everyday life. Fill in the gaps with the appropriate verb in the present tense taken from the selection on page 69. Watch out for the separable verbs!

Normalerweise _____ wir so um sechs rum _____ . Ja, so um kurz

vor sieben _____ ich dann _____ in Richtung Hagelloch und

_____ dort so um halb acht und die Schule _____ um Viertel vor

acht. Wie es in Deutschland so üblich _____ , _____ wir meistens nur

vormittags Unterricht, bis zirka ein Uhr. An ein oder zwei Tagen _____ auch

nachmittags Unterricht, und ja, wenn ich _____ , dann _____

zunächst erstmal das Mittagessen _____ und dann _____ ich

Zeitung. Da ich Lehrer _____ , ist man im Allgemeinen erst einmal müde und

_____ eine halbe Stunde. Ja, dann _____ ich an die

Unterrichtsvorbereitungen, was in dem Kontext zu tun ist. Soziale Aktivitäten, die

_____ hauptsächlich am Wochenende _____ außer der Singstunde

freitags. In der Woche _____ im Grunde genommen relativ wenig Zeit dafür

_____ .

sein • gehen • losfahren • sein • übrig bleiben • aufstehen • lesen • sein •
stattfinden • schlafen • stattfinden • haben • beginnen • zurückkommen • sein

üblich *customary*

die Unterrichts-vorbereitung (-en) *lesson preparation*

im Grunde genommen *basically*

2

In this activity Frau Habel, a lawyer (*Rechtsanwältin*) in Rottenburg, describes a typical working day. Rewrite this description in the perfect tense. Remember to check whether the verbs take *sein* or *haben*.

> Ich arbeite hier in Rottenburg in einem Büro in unserem Haus. Das ist
> für mich als Mutter von Vorteil, weil ich nicht so oft aus dem Haus
> gehe. Trotzdem habe ich immer viel zu tun. Ich stehe ungefähr um halb
> sieben auf, dann wecke ich zuerst meine Tochter. Sie fährt um Viertel
> nach sieben mit dem Bus zur Schule. Mein Sohn geht so um acht Uhr
> aus dem Haus. Am Vormittag arbeite ich dann in meinem Büro und auch
> koche ich das Mittagessen. Die Kinder kommen so um eins nach Hause.

3

Now meet Gregor Münch, who is a freelance graphic designer. This time, put the verbs into the imperfect tense.

verlaufen *here: to pass*

der Happen (-) *snack, bite*

erzählen *to tell, talk about*

Gregor ist ein komischer Typ. Er ist freiberuflicher Grafiker und arbeitet meistens von zu Hause. Er steht ungern morgens auf und er geht ungern abends zu Bett. Sein Arbeitstag verläuft ganz unregelmäßig. Meistens arbeitet er bis spät in die Nacht an seinen Kreationen. Dabei hört er laute Musik und trinkt ein oder zwei Glas Bier. Seine Freundin kommt so um acht Uhr abends nach Hause, macht ihm einen Happen zu essen und erzählt von ihrer eigenen Arbeit als Journalistin. Ab und zu gehen beide ins Kino oder sie organisieren eine kleine Party für ihre Freunde.

4

This story is about a budding romance. Read each part and fill in the gaps with the verbs given in brackets, putting them into the present tense. The main aim of this activity is to help you to revise separable verbs, so you will need to pay special attention to the word order.

angeschlossen
connected

austauschen
(sep) to exchange

Seit ein paar Monaten ist Barbara ans Internet angeschlossen. Durch ihr Interesse für Astrologie hat sie einen Kontakt in Amerika aufgebaut. Zwei bis dreimal pro Woche

_____ die beiden Informationen _____ (austauschen). Sie (they)

_____ _____ (feststellen), dass sie auch andere gemeinsame Interessen

haben. Eines Tages steht auf Barbaras Computer-Bildschirm diese Nachricht.

abholen *(sep) to collect/meet someone*

Ich möchte dich gerne persönlich kennenlernen! Ich

_____ am 12. Juni in Deutschland _____

(ankommen): Flughafen Frankfurt, Ankunftszeit 16.20 Uhr,

Flugnummer LH1525. _____ mich bitte _____

(abholen).

eilen *to hurry*

vorbeigehen
(sep) to go past

nachschauen
(sep) here: to follow someone with one's eyes, gaze after someone

sich umdrehen
(sep) to turn around

flüstern *to whisper*

Heute ist der 12. Juni. Barbara _____ sehr früh _____ (aufstehen). Sie

_____ dann noch schnell die Wohnung _____ (aufräumen). Dann

_____ sie ihr schönstes Kleid _____ (anziehen). Sie ist viel zu früh am

Flughafen und denkt sich: Was kann ich jetzt noch machen? Ich kann etwas _____

(einkaufen), ich _____ die Anette _____ (anrufen), und vielleicht

sollte ich noch ein Gläschen Cognac trinken! Inzwischen ist es Viertel nach vier und Barbara

_____ schnell _____ (nachgucken), ob das Flugzeug schon gelandet

ist. Oh, die Maschine ist schon vor zehn Minuten gelandet! Sie eilt zum Ausgang. Einige

Passagiere _____ schon _____ (herauskommen). Einer der Passagiere

_____ auf sie _____ (zukommen). Er ist groß, schlank, trägt eine Brille

und hat kurze dunkle Haare. Barbara denkt: Oh, der _____ gut _____

(aussehen)! Aber er _____ leider an ihr _____ (vorbeigehen). Sie

_____ ihm _____ (nachschauen) und merkt gar nicht, daß ein anderer

Mann neben ihr steht. Als der Mann sie _____ (ansprechen), _____

sie sich _____ (umdrehen) und flüstert nur: Ach, du meine Güte …

5

Here are some extracts from an article in *Stern* about three east German women who have managed to become very successful in the fashion business since reunification in 1989. You will remember Martina-Elvira Lotzmann who was the subject of *Hörbericht 3*. Read the extracts, then answer the questions below in English.

die Kette (-n) *chain*

das Musteratelier (-s) *pattern studio*

das Hochparterre *upper floor*

die Voran-meldung (-en) *prior appointment*

surren *to hum, buzz*

eigenwillig *highly individual*

wirbeln *to whirl*

die Spitze (-n) *here: lace*

volkseigen *here: owned by the state*

die Näherin (-nen) *seamstress*

kriegen *to get (colloquial)*

das Lager (-) *store*

die Sache (-n) *thing*

der Müll *here: dump*

das Konto (-ten) *account*

Nun kommen Ostdeutsche Kleidermacher in Mode

Sylvia Heise kommt aus dem Ostteil Berlins. 1990 arbeitete sie noch als Designerin für „Exquisit", die einzige Kette von Nobel-Boutiquen in der DDR. Inzwischen gilt die 37jährige Firmeninhaberin als eine der erfolgreichsten Newcomer im vereinten Deutschland. An der Tür zu ihrem Musteratelier im Hochparterre eines alten Mietshauses in Berlin-Mitte mahnt jetzt ein Schild: „Empfang nach Voranmeldung". Hinter der Tür surren die Nähmaschi-nen. „Ich mache Klamotten für Frauen mit eigenwilligem Stil," sagt Sylvia Heise, die in einem weichen, weiten Pullover aus ihrer Kollektion durchs kreative Chaos wirbelt.

Zu DDR-Zeiten war Hella Erler berühmt für ihre Kleider aus Spitze, die sie für einen volkseigenen Betrieb entwarf. Kaum war die Mauer gefallen, fuhr sie nach Düsseldorf und Paris, und fand „Was ich mache, gibt es dort gar nicht." Hella und ihr Mann kauften eine kleine Fabrik in Altmittweida, in Sachsen. Inzwischen arbeiten 30 Näherinnen für sie. „Uns kriegt keiner mehr vom Markt," sagt sie.

Zu DDR-Zeiten verkaufte Martina-Elvira Lotzmann Zivilkleidung an Offiziers-familien der Roten Armee.

Als sie den Betrieb nach der Wende übernahm, waren die Lager voll mit Hosen und Röcken, die keiner kaufen wollte. Frau Lotzmann packte die Koffer und flog nach Minsk und fragte im weißrussi-schen Handelsministerium: „Bei uns müssen die Sachen auf den Müll, könnt ihr sie vielleicht brauchen?". So wurde Frau Lotzmann die erste Deutsche mit einem Rubelkonto in der Haupt-stadt von Weißrussland. Inzwischen besitzt sie neun Geschäfte und sie wurde von Wirtschafts-journalisten zur Managerin des Jahres 1993 gewählt.

1 What did Sylvia Heise, Hella Erler and Martina-Elvira Lotzmann do before the *Wende*?

2 Which woman discovered that the type of clothes she produced was not available in the West?

3 Why were all three women so successful after the *Wende*?

6

Fill in the missing names and the gaps in these sentences. You should find all the information you need in the article „*Nun kommen ostdeutsche Kleidermacher in Mode*" in Activity 5.

1 _____ _____ (name) _____ aus dem Ostteil Berlins.

2 1990 _____ _____ _____ (name) noch als

Designerin.

3 _____ _____ (name) kaufte _____ _____

_____ in Altmittweida.

4 _____ _____ (name) _____ den Betrieb

_____ der Wende.

5 Die Lager waren voll mit _____ _____ _____ .

6 _____ _____ (name) macht _____ für Frauen mit

_____ Stil.

7 _____ _____ (name) ist die erste Deutsche mit einem

_____ .

8 Inzwischen arbeiten mehr als 30 _____ für _____

_____ (name).

7 Now write a summary in German of about 100 words of the article about the three women.

8 You may have seen notices like these in someone's office; you may even have some favourites of your own. Germans are equally fond of *Sprüche* (sayings) of this kind and some of them sound very similar to English sayings. Translate these notices into English, but don't take them too seriously!

erledigen to get done

das Wunder (-) miracle

verrückt crazy, mad

der Untergang (¨e) downfall, curse

der Fehler (-)

1 Lieber acht Stunden Büro am Tag als gar keinen Schlaf.

2 Unmögliches wird sofort erledigt, Wunder dauern etwas länger.

3 Alle hier machen uns glücklich: Die Einen beim Kommen, die Anderen beim Gehen.

4 Man muss nicht verrückt sein, um hier zu arbeiten, aber es hilft.

5 Die Arbeit ist der Untergang der trinkenden Klasse.

6 Wer viel arbeitet macht viele Fehler, wer wenig arbeitet macht wenige Fehler, wer gar nicht arbeitet, macht keine Fehler.

Lerneinheit 11 **Treffpunkte**

There are three topics in *Lerneinheit 11*. The first topic, *Und was machen Sie?*, helps you to revise much of the work-related language you have covered in the context of a conversation about jobs. The second topic, *Special problems*, contains a report on the poor provision of jobs for people with physical disabilities. The third topic, *Klassentreffen*, gives an opportunity to look at people's careers over several years.

STUDY CHART

Topic	Activity and resource	Key points
Und was machen Sie?	1 **Text**	preparing for a conversation about jobs
	2 *Übungskassette*	talking about jobs
	3 **Text**	checking you've understood useful phrases
	4 *Übungskassette*	transcribing some parts of the conversation
Special problems	5 **Text**	reading an article about the shortage of jobs for the disabled
	6 **Text**	translating the article into English
Klassentreffen	7 **Text**	reading about a school reunion
	8 **Text**	writing about two women's lives and careers
	9 **Text**	writing a letter about an imaginary reunion
	10 **Text**	preparing a short speech

This activity helps you to prepare for Activity 2, in which you will take part in a dialogue. Imagine you are on a visit to Germany and get into conversation with a stranger in the hotel where you are staying. The subject of work comes up. These are the responses you will need to make in the conversation. Prepare them, in writing if you wish, so that you will be able to join in Activity 2 without hesitating.

- I work for an insurance company (*die Versicherungsgesellschaft*).
- I have been there for about five years.
- And what are you doing now?
- I like my job. It's very varied, I have a good income and there are good career prospects.

- Of course, there are disadvantages.
- Yes, for example, I work over 40 hours a week – and in the evenings and at the weekend!
- What are your hobbies?

 2 Now turn to *Hörabschnitt 14* and take part in the dialogue you have just prepared for.

3 As a quick way of revising some useful language, match the German statements with the English and fill in the two missing translations.

1	so ein Zufall	**a**	*income*
2	ich bin tätig bei	**b**	*disadvantages*
3	der Arbeitsplatz war sicher	**c**	*such a coincidence*
4	selbstständig	**d**	*it's all the same to me*
5	Aufstiegsmöglichkeiten	**e**	*self-employed*
6	Nachteile	**f**	*I am employed by*
7	Einkommen	**g**	*career prospects*
8	im Durchschnitt		_____
9	es ist mir egal		_____

LERNTIP

Für's Notizbuch

In the conversation in *Hörabschnitt 14* you will have come across some words worth noting in your *Notizbuch*.

der Durchschnitt (-e) *average*

This is made up of *durch* (through) and *der Schnitt* (cut).
Note also **schneiden** (schneidet, schnitt, geschnitten) *to cut*

The following words are made from *der Teil* (share):

der Nachteil (-e) *disadvantage*
der Vorteil *advantage*
das Gegenteil *opposite*
Note also **teilen** *to share.*

---

 4 Now listen to *Hörabschnitt 14* again and fill in the gaps in the text below from what the stranger said.

Ach, so ein Zufall! Ich war _____ _____ _____

_____ auch bei einer Versicherung tätig.

Jetzt bin ich _____ . Die Arbeit bei der Versicherung hat mir _____

_____ keinen _____ _____ gemacht. Der Arbeitsplatz war

zwar sicher, aber die Arbeit war nicht so _____ und ich hatte _____

keine Aufstiegsmöglichkeiten.

Ah, da haben Sie ja _____ . Gibt es denn gar keine Nachteile bei Ihrer Arbeit?

Seitdem ich selbstständig bin, habe ich _____ ein freies Wochenende und im

Durchschnitt arbeite ich 50 bis 60 Stunden. Aber das ist mir egal, weil mein Beruf

_____ auch mein Hobby ist.

WISSEN SIE DAS?

The word used most frequently in *Thema 3* is probably *Arbeit*. But what is the origin of this word and how did it acquire its current meaning?

It is thought to come from an ancient word *orbho*, meaning orphan, and reflects the hard physical work and misery that orphans had to endure. The word lost its negative meaning when Martin Luther (1483–1546), the German religious reformer, used it to mean something virtuous and worthwhile.

Here are a few *Sprichwörter* (sayings) about *Arbeit* for your *Notizbuch*. Use your dictionary to check the meanings.

Jede Arbeit ist des Lohnes wert.
Arbeit macht das Leben süß.
Arbeit schändet nicht.
Arbeiten und nicht Verzweifeln.

5

People with a physical disability have special problems in finding jobs, despite the quota system in Germany. Read this short report and answer the questions overleaf in English.

der Schwerbehinderte (-n) *person with a severe physical disability*

die Bundesanstalt für Arbeit *the Federal Office for Employment*

entsprechen *to correspond*

Nur wenige Jobs

Betriebe und Verwaltungen in Deutschland beschäftigen immer weniger Schwerbehinderte. Wie die Bundesanstalt für Arbeit in Nürnberg gestern mitteilte, waren im Oktober 1994 rund 862 000 Arbeitsplätze mit Schwerbehinderten besetzt. Dies entspreche einer Beschäftigungsquote von vier Prozent, gesetzlich vorgeschrieben sind jedoch sechs Prozent. Damit setze sich der negative Trend der letzten Jahre fort. Der Präsident der Bundesanstalt, Jagoda, appellierte daher an die Arbeitgeber, arbeitslosen Behinderten eine Chance zu geben.

gesetzlich vorgeschrieben
prescribed by law

fortsetzen *to continue*

1 What have companies and government bodies not done?

2 What has the Federal Office for Employment just announced?

3 What has the president of the Federal Office appealed to employers to do?

6 Now translate the text from Activity 5 into English.

7 Read this report about a *Klassentreffen* (class reunion) and decide whether the statements on page 77 are *richtig* or *falsch*. Put a cross in the box in the appropriate column and correct the statements which are *falsch*.

Klassentreffen

1976–1977–1986–1996
Zwanzig Jahre seit dem Abi!
Es ist wieder so weit!
Wir treffen uns endlich mal wieder!

Kommt zum dritten großen Klassentreffen!
Lasst alle Sorgen daheim und kommt in Scharen!

Sommer 1976

An einer Hamburger Mädchenschule haben rund 30 Schülerinnen ihr Abitur bestanden. Neun Jahre gemeinsame Schulzeit gehen zu Ende.

Sommer 1977

Claudia hat die Initiative ergriffen und das erste Klassentreffen organisiert. Die meisten sind jetzt Studentinnen, einige Azubis, aber viel hat sich nicht geändert. Sie müssen immer noch für Examen oder Prüfungen lernen, und haben noch relativ viel Kontakt miteinander. Die meisten haben jetzt mehr Freiheiten und sind ein bisschen selbstständiger: Ein eigenes, kleines Auto, weg von zu Hause, und ab und zu ein preiswerter Urlaub mit dem Freund.

Sommer 1986

Man kann es kaum glauben, schon zehn Jahre sind seit dem Abitur vergangen. Ob Gabi Journalistin geworden ist, Inga den Uli geheiratet hat, Marions Traum von einer großen Familie mit mehreren Kindern in Erfüllung gegangen ist?

Gabi ist nicht gekommen, niemand hat Kontakt mit ihr. Inga hat Uli geheiratet, ist aber inzwischen geschieden. Marion hat gerade ein Kind adoptiert. Und die anderen? Jede hat einen Beruf erlernt, die meisten sind Lehrerinnen geworden. Außer Marion hat nur eine andere ein Kind. Fast alle sind berufstätig, manche nur halbtags. Sie erzählen viel von ihren Partnern.

Sommer 1996

Vier Wochen vor dem 20jährigen Wiedersehen kommen die Einladungen ins Haus. Claudia hat sich um alles gekümmert, genau wie früher: Adressen und Telefonnummern herausgefunden, Einladungen geschrieben, mit Hotels verhandelt, Hotelzimmer gebucht, das Menü fürs Abendessen ausgesucht und das ganze Programm zusammengestellt. Jetzt endlich ist es so weit. Ob man sich noch wiedererkennt? Ein Treffen von Karrierefrauen?

26 sind gekommen, auch Gabi. Ist sie heute eine erfolgreiche Journalistin? Sie erzählt, dass auch sie, wie die meisten, „nur" Lehrerin geworden ist. Ihre Arbeit gefällt ihr, denn sie hat gern Kontakt mit jungen Menschen. Als ihre zwei Kinder klein waren, hat sie ihren Beruf unterbrochen. Inga ist zum zweiten Mal geschieden, hat ihr Chemiestudium abgeschlossen, und ist ganztägig bei einer Pharmafirma beschäftigt, nicht leicht mit einem kleinen Sohn. Marion konzentriert sich voll auf ihren Adoptivsohn, er ist hyperaktiv und an eine Karriere ist im Moment nicht zu denken.

Die meisten sind immer noch berufstätig. Viele haben mit über 30 ein Kind bekommen. Neben ihren beruflichen Aufgaben sind die meisten auch für den Haushalt zuständig.

Auch Birgit war gekommen. Sie hatte die Schule nach der zehnten Klasse verlassen und eine Hotelkauffrau-Lehre abgeschlossen. Als die anderen das Abitur machten, flog sie bereits als Stewardess um die Welt. Als sie 33 war, fand sie die Arbeit eintönig, machte das Abitur nach, studierte Psychologie und steht jetzt kurz vor dem Abschluss. Sie weiß allerdings nicht, ob sie in ihrem Alter noch eine neue Stelle finden wird. Sie würde ganz gerne mit Jugendlichen arbeiten. Inzwischen unterrichtet sie Psychologie an der Volkshochschule an zwei Abenden in der Woche.

	RICHTIG	FALSCH

die Initiative ergreifen *to take the initiative*

ein Traum geht in Erfüllung *a dream comes true*

wiedererkennen *to recognise*

1 Ein Jahr nach dem Abitur fand für eine Hamburger Mädchenklasse das erste Klassentreffen statt.

2 Zu diesem Zeitpunkt machte der größte Teil von ihnen eine Lehre.

3 Obwohl die ehemaligen Schülerinnen noch nicht völlig selbstständig sind, haben sie jetzt mehr Freiheit.

4 Zehn Jahre nach dem Abitur haben viele von ihnen Kinder und nur wenige arbeiten.

5 Claudia hat zusammen mit Gabi alles geplant und das ganze Programm zusammengestellt.

6 Gabis Traum von einer erfolgreichen Journalistenkarriere ist in Erfüllung gegangen.

7 Obwohl Gabi gerne als Lehrerin arbeitete, entschloss sie sich, für die Kinder eine berufliche Pause einzulegen.

8 Inga ist immer noch mit Uli verheiratet und arbeitet bei einer Pharmafirma.

9 Inga vereinbart das Berufsleben mit ihrer Mutterrolle.

10 Viele der Frauen haben sich mit über 30 für ein Kind entschieden.

11 Die Doppelbelastung von Familie und Beruf ist für die meisten kein Problem, weil viele Männer ihnen im Haushalt helfen.

12 Birgit gab mit 33 Jahren ihren Beruf auf, weil sie etwas Interessanteres machen wollte.

---

8 Now study the text in Activity 7 again and make notes of what happened to Inga and Birgit. Summarise in German what has happened to them in the same way as for Gabi in the example below.

Gabi

Familie	**Arbeit**
zwei kleine Kinder	Lehrerin
hat nicht gearbeitet, als die Kinder klein waren	die Arbeit gefällt ihr – sie hat gern Kontakt mit jungen Menschen

9 Now imagine that it is the year 2006! It is 30 years since the first *Klassentreffen* and another *Klassentreffen* has taken place. You are Marion and you enjoyed the reunion a lot. You have stayed in touch with Uli, who used to be married to Inga. Write a letter of about 150 words to Uli, telling him about the *Klassentreffen*, with as much information about Gabi, Inga and Birgit as you can remember. Include news about yourself as well. Use some of the expressions overleaf:

ich habe schon lange nichts von dir gehört *I haven't heard from you for a long time*

erinnerst du dich, dass ... *do you remember that ...*

stell dir vor, ... *imagine ...*

es ist kaum zu glauben, ... *it is hard to believe ...*

weißt du, ... *do you know ...*

10 As a way of summing up Activities 7–9, prepare a short presentation based on the letter you wrote in Activity 9, which describes some of your old school friends who you might meet at a *Klassentreffen*. Say it out loud and try to keep talking for about two to three minutes. This time there is no model answer.

Freizeit

There is a German saying which goes „*Erst die Arbeit, dann das Spiel*". In *Thema 3* you looked at Germany at work: now's your chance to focus on leisure time.

Teil 1, *Feierabend*, looks at what some German people do in the evenings and at weekends. People who, like you, devote some of their free time to studying, will tell you why they have chosen their courses and how they feel about them. The leisure pursuits you will hear about range from *Wandern* (long-distance walking) to watching cabaret.

In *Teil 2*, *Ferien*, the focus shifts to holiday plans. German people tell you where they go on holiday, and why. You will focus on two trends in German holidays: holidays on the farm, and 'ecologically friendly' holidays. In the drama, *Begegnung in Leipzig*, Thomas has a stroke of luck and Sonja gives Bettina a warning.

Teil 3, *Deutschland Kulturland*, looks at the cultural scene. You will see what is on offer in a town such as Leipzig, which is particularly proud of its musical tradition. One of the most famous choirs in Germany is Leipzig's *Thomanerchor*, which is the subject of the *Hörbericht*.

Teil 4, *Wiederholung*, as always, provides revision. It will give you the opportunity to revise the language of pastimes and of holidays.

By the end of *Thema 4*, you should have a good feel for the way in which some Germans approach their leisure time and be able to write and talk about the activities they enjoy. You will also have practised asking for information and advice.

Feierabend

Teil 1

In *Teil 1* you will see, hear and read about a wide range of activities undertaken by German people in their leisure time.

In *Lerneinheit 1, Die Volkshochschule* (adult education institute – *VHS* for short), you will consider the opportunities for adult evening classes offered in Germany. You will practise using separable verbs in the present and perfect tenses.

Lerneinheit 2, Was machen Sie in Ihrer Freizeit?, explores people's reasons for doing the activities which they have chosen. You will revise the use of inversion and learn more about *wenn* sentences.

Lerneinheit 3, Sport für Alt und Jung, will give you the opportunity to practise the present, perfect and imperfect tenses. It looks first at *Wandern*, the German tradition of walking which has developed somewhat differently from hiking or long-distance walking in Britain. You will then focus on a second sport, volleyball.

Lerneinheit 1 Die Volkshochschule

Lerneinheit 1 contains three topics. The first topic, *Which course for you?*, should help you to find your way round a programme of educational courses. The second topic is *Making enquiries*, and the third, *Campaigning against cuts*, gives you some background as to how adult education is financed in Germany.

By the end of *Lerneinheit 1*, you will have revised some basic grammar and practised asking for information.

STUDY CHART

Topic	Activity and resource	Key points
Which course for you?	1 *Übungskassette*	checking you've understood interviews with prospective *VHS* students
	2 *Übungskassette*	listening for detail
	3–5 Text	reading the *VHS* course programme
Making enquiries	6 Text	practising separable verbs
	7 *Übungskassette*	making enquiries about German language courses
	8 Text	practising the perfect tense
Campaigning against cuts	9 Text	reading a letter from the *VHS*

sich einschreiben für (+acc) to sign up for something

die Keramik ceramics

der Ton clay

die Clique (-n) a close group of friends

die Stelle (-n) place; here: job

hat … überredet (from überreden) to convince, talk into

The *Volkshochschule* in Tübingen is situated near the river Ammer. You will find a wide range of courses there, from aerobics and motor mechanics to certificated courses leading to vocational qualifications and, of course, foreign languages. Every year about 24,000 people enrol in courses at the *Volkshochschule* in Tübingen.

It's enrolment evening at the *Volkshochschule*. In *Hörabschnitt 1* on the *Übungskassette* are interviews with six adult students of the *Volkshochschule*. They explain why they have chosen certain courses. Who is enrolling for what, and why? Listen to the interviews, then answer the questions below, using the verb structure *sich interessieren für*.

Which courses are these students enrolling for?

1 Stefan Krause interessiert sich für Keramik.

2 Uta Ettinger

3 Susanne Breit

4 Jutta Wagner

5 Cornelia Bauer

6 Pia Lipinski

Now for some more details. Each student was asked why he or she was enrolling for that particular course. Listen to *Hörabschnitt 1* again and write down in German each person's choice and reason for it, using *weil*.

1 Stefan Krause hat Keramik gewählt, weil …

2 Uta Ettinger hat … gewählt, weil …

3 Susanne Breit hat … gewählt, weil …

4 Jutta Wagner hat … gewählt, weil …

5 Cornelia Bauer hat … gewählt, weil …

6 Pia Lipinski hat … gewählt, weil …

3

gesellig *sociable*

herumsitzen *to sit around*

unternehmen *to do something*

herumwirbeln *to whirl around*

die Quadrille (-n) *quadrille (a French dance)*

Vorkenntnisse erforderlich *previous knowledge required*

ab Do (=ab Donnerstag) *from Thursday*

die Gebühr (-en) *fee*

In Activities 3–5 you will read details of three particular courses which were on offer at the *Volkshochschule* in the summer of 1995. Look at the description of *Gesellige Tänze*, then answer the questions below in English.

**8545
Gesellige Tänze
und leichte Kreistänze**
Vera Zingsem
Sie hassen Parties, auf denen Leute nur steif herumsitzen? Sie möchten etwas unternehmen, um sie herumzuwirbeln und gleichzeitig untereinander bekannt zu machen? Dann sind Sie in diesem Kurs richtig! Gezeigt werden vor allem Mixer, Quadrillen, leichte Tänze und Kreistänze.
Keine Vorkenntnisse erforderlich.
donnerstags, 17.00–19.00 Uhr,
ab Do,16.02.95
(nicht am 2., 16. u. 30. März)
14 x, Gebühr 149,00 DM
Salzstadel, oberer Saal

---

1 Look at the first sentence in the text. Who is this course aimed at in particular?

2 Is this course for beginners or for experienced dancers?

3 When will the course take place?

4 How frequently will the course take place?

4

die EDV (elektronische Datenverarbeitung) *electronic data processing*

zugänglich *accessible*

die Beratung *counselling, advice*

die Kurswahl *choice of course*

die Tabellenkalkulation (-en) *spreadsheet*

Perhaps you would prefer a course on computer programming to *Gesellige Tänze*. The *VHS* holds a diagnostic session to advise people on which of its computer courses is most suitable for them. Read the description of the session and then fill in the gaps in the text on page 83.

Datenverarbeitung

 Alle Räume in der Geschwister-Scholl-Schule, der Gewerblichen Schule und der Kaufmännischen Schule sind für Rollstuhlfahrer/-innen zugänglich.

Beratung für die richtige Kurswahl:
Beratungstermin: Di, 24.1.95
von 17.00–20.00 Uhr
Schwabenhaus, Saal
Telefonisch: Frau Walser, 5603–36
EDV–Beratung individuell nach Terminabsprache

Einführung in die EDV
Ziel sind Grundkenntnisse im Umgang mit dem PC. Erste Anwendung von Standardprogrammen. Inhalt:
– Aufbau und Funktionsweise einer DV–Anlage
– Einführung in MS–DOS–Befehle (einfache Befehle)
– Software und ihre Aufgaben
– Einblick in Textverarbeitung oder Tabellenkalkulation.
Die Kurse können ohne Vorkenntnisse besucht werden und sind Voraussetzung für den Besuch weiterführender Kurse.

Der Beratungsabend findet am _____ (*Tag*), den _____

_____ (*Datum*), im _____ (*Ort*) statt. Sie können aber auch mit Frau

_____ (*Name*) telefonieren. Ihre Telefonnummer ist _____ (*Nummer*).

Sie organisiert dann einen Termin für individuelle _____ (*Kurs*)-Beratung.

　　Die EDV-Kurse finden in der Geschwister-Scholl-Schule, in der Gewerblichen Schule und

in der Kaufmännischen Schule statt. Die Räume sind für _____ (*behinderte*

Personen) zugänglich.

WISSEN SIE DAS?

The *Geschwister* Scholl – Hans und Sophie – are commemorated all over Germany in the names of schools, streets and squares. They were both students at the University of München, where they were members of the anti-Nazi group, *Die Weiße Rose*. They were arrested in February 1943 for handing out leaflets advocating freedom of speech at the university and executed shortly afterwards.

5 Finally, here are details about a third course in the *Volkshochschule* programme. Read the entry below, then answer the questions in German.

5437 T
Die Wunderwelt des Waldes 🌲
Waldspaziergänge für Kinder von 6–12 Jahren
Almut Kelber
Auf drei Spaziergängen wollen wir den Wald und seine Bewohner – Bäume, Blumen, Farne, Moose, Vögel und andere Tiere kennenlernen. Wir sehen, hören und riechen, wie im Wald der Frühling erwacht und es Sommer wird. Interessierte Erwachsene können sich gerne anmelden.
Fr, 7.4., 5.5., 19.5. u. 16.6.
jeweils 15.00–16.30 Uhr
4 x, Gebühr 20,00 DM
Treffpunkt wird bei der Anmeldung mitgeteilt.
Mitveranstalter: Akademie für Natur- und Umweltschutz, Baden–Württemberg

---

der Farn (-e)
fern

das Moos (-e)
moss

kennen lernen
to get to know

sich anmelden
für *to put one's name down for, register (e.g. a course)*

mitteilen *to announce*

der Mitveranstalter (-)
co-organiser

I Für wen ist dieser Kurs?

2 Was werden die Teilnehmer kennen lernen?

3 Können sich auch Erwachsene anmelden?

4 Wo wird man sich treffen?

6 In Activities 1–5 you have come across a number of separable verbs. This dialogue will give you a chance to practise using them. Read the dialogue, in which a woman is making enquiries about the *Wunderwelt des Waldes* course and decide which separable verb from the selection belongs in each gap.

Mutter Grüß Gott, Frau Kelber. Sie _____ einen Kurs für Kinder

_____ , ist das richtig?

Frau Kelber *Das stimmt. Er heißt „die Wunderwelt des Waldes".*

Mutter Können Sie mir bitte nähere Auskünfte geben? Was machen Sie in diesem

Kurs?

Frau Kelber *In diesem Kurs _____ wir im Wald _____ . Wir*

möchten Bäume, Blumen und Tiere besser _____ _____ .

Mutter Danke schön. Und wann _____ die Spaziergänge

_____ ?

Frau Kelber *Am siebten April, am fünften Mai, am neunzehnten Mai und am sechzehnten*

Juni.

Mutter Tja, das klingt ganz toll. Und wer darf an diesem Kurs _____ ?

Frau Kelber *Kinder von sechs bis zwölf. Aber auch interessierte Erwachsene können sich*

gerne _____ .

Mutter Also, ich möchte meine zwei Kinder für Ihren Kurs _____ .

Frau Kelber *Das freut mich. Das können Sie nächste Woche bei der Anmeldung machen.*

Mutter Wo ist der Treffpunkt für den ersten Spaziergang?

Frau Kelber *Den Treffpunkt kann ich erst nächste Woche bei der Anmeldung*

_____ .

| spazierengehen • mitteilen • kennen lernen • stattfinden • anbieten • |
| sich anmelden (für+*acc*) • teilnehmen (an+*dat*) • einschreiben |

7   Now use *Hörabschnitt 2* to help you to enrol on a German course at the *Volkshochschule*. Imagine that you are having a conversation with a member of staff and there are several things you want to find out. Here are the questions you need to ask and responses you need to make. Translate them into German first, if you wish, before taking part in the dialogue in *Hörabschnitt 2*.

- Hello. I come from England. I speak some German but I want to improve my German. What kind of courses do you offer?
- When do these courses take place, during the day or in the evening?
- And how much do the courses cost, approximately?
- I have another question: when do the courses start?
- That was too fast … Can you speak more slowly and repeat it all again?
- Thank you! I'd like to practise more grammar, and I want to learn how to write German.
- I work for a German company, here in Tübingen.
- OK, I'll come then. Many thanks for your help. See you tomorrow.

8   If you were telling German friends or colleagues about courses which you have already done, you could use some of the language already introduced in this *Lerneinheit*, but using the past tense.

Fill in the gaps in the text below, putting the bracketed verbs into the perfect tense. Be careful, some of the verbs are irregular!

Letztes Jahr _____ ich einen Gymnastikkurs _____ (*machen*). Ich _____ mich in der letzten Minute _____ (*einschreiben*), weil meine Freundin sich auch _____ _____ (*anmelden*). Es _____ meinem Rücken gut _____ (*tun*), und es _____ auch Spaß _____ (*machen*). Ich _____ viele interessante Menschen _____ _____ (*kennen lernen*).

9   Finally in *Lerneinheit 1*, you will be looking at an open letter to *VHS* students, which shows that *Volkshochschulen* face problems which are familiar to students of adult education elsewhere! The letter is a reaction to the possibility of cuts (*Kürzungen*) in the subsidies (*Zuschüsse*) which the *Land* of Baden-Württemberg gives the *Volkshochschule* in Tübingen. Read the letter overleaf and answer the questions below.

1   To whom is the letter addressed?
2   The achievements of the *Volkshochschule* are outlined. What are the two main points?
3   What percentage of the *Volkshochschule* costs is covered by course fees?
4   What would the consequences be if the subsidies were cut?
5   What are readers of the letter encouraged to do?

drohend *threatened*	

drohend
threatened

die Kürzung
(-en) *cut in financial support*

der Zuschuss
(-üsse) *subsidy*

die Belegung
(-en) *here: number of students*

die Veranstaltung
(-en) *event*

die Begegnung
meeting

beitragen zu
(+dat) *to contribute to*

der Wandel
change

die Entwicklung
(-en) *development*

die Einnahme
(-n) *income*

die Gebühr
(-en) *fee*

falls *if, in the event of*

erhöhen *to increase*

auf allen Ebenen *at all levels*

Informationen für unsere Teilnehmerinnen und Teilnehmer

Argumente – Fragen
angesichts drohender Kürzungen der Landeszuschüsse

Was leistet die Volkshochschule?

24 000 Belegungen jährlich
Im Jahr 1998 besuchten 24 000 Teilnehmer/-innen 1 930 Kurse, 21 000 Personen 516 Einzelveranstaltungen.

Ort der Begegnung
Die Volkshochschule als Ort der Begegnung trägt in einer Zeit schnellen Wandels zur Orientierung, sozialen Stabilisierung und zur Persönlichkeitsentwicklung bei.

Finanzierung
Die Volkshochschule Tübingen finanziert sich zu ca. 70% durch Einnahmen aus Kursgebühren.

Gebühren
Falls Zuschüsse gekürzt werden, müssen die Gebühren je nach Kosten und Gruppengröße erhöht werden.

Liebe Teilnehmerinnen und Teilnehmer,

sehr geehrte Damen und Herren,

wir wären Ihnen dankbar, wenn Sie diese Argumente und Überlegungen auf allen möglichen Ebenen in die Diskussion einbringen könnten.

Approximately 37% of the adult German population takes part in some form of adult or continuing education and there are *Volkshochschulen* in almost every town. These offer numerous courses on a wide range of subjects either for leisure or vocational purposes. The most popular courses include foreign languages, health related studies, computing, sport and the arts. Courses which offer advice on insurance, pensions and income tax are also in demand.

Adult education provided by the *Volkshochschulen* is financed mainly by local councils, but grants are topped up by contributions from the *Länder* and central government, in addition to income received from student fees. Most states have laws which protect adult education services. The trade unions, Protestant and Catholic churches and many other voluntary agencies, as well as commercial institutions, are also involved in the provision of adult education. Most working adults are entitled, by law, to some form of paid educational leave, though its length and purpose vary from state to state.

Lerneinheit 2 **Was machen Sie in Ihrer Freizeit?**

In *Lerneinheit 1*, you concentrated on just one of the things you might do in your spare time – going to evening classes. In *Lerneinheit 2* you will read, write, speak and listen to details of a wider range of leisure activities.

Most of *Lerneinheit 2* will involve work on the video. There are three topics: *Hobbies and holidays*, *Learning about the conditional* and „*Das Wandern ist des Müllers Lust*", a rousing finale to this study of *Freizeit* activities.

By the end of *Lerneinheit 2* you should be familiar with much of the language needed to talk about what you do in your spare time, including the conditional – what you might do given more money, spare time, energy …

STUDY CHART

Topic	Activity and resource	Key points
Hobbies and holidays	1–9 Video	checking you've understood the video about people's leisure pursuits
	10 Video	transcribing some of what four people said on the video
	11 Video	summarising what one person said on the video
Learning about the conditional	12 Text and *Übungskassette*	practising the *wenn* construction
„Das Wandern ist des Müllers Lust"	13 *Übungskassette*	listening to a song about *Wandern*

23:52–28:32

Lerneinheit 2 begins with the third part of the video for *Thema 4*. First, watch the whole of this sequence, then concentrate on each person in turn as he or she talks about leisure activities. The first person to appear is Hans-Peter Baumeister (23:55–25:04). Number the list of his activities below in the order in which he mentions them.

hauptsächlich *mainly*	**die Regie** *stage management*	**Zeit verbringen** *to spend time*
aufführen *to perform*	**der Erfolg (-e)** *success*	**basteln** *'to do it yourself', do handicrafts*
die Kulisse (-n) *stage scenery*	**die übrige Zeit** *the rest of the time*	

- basteln
- Fahrrad fahren
- Theater spielen
- die Kulissen bauen
- schwimmen
- Regie selber machen
- Zeit mit den Kindern verbringen
- die Modelleisenbahn aufbauen
- kleine Ausflüge machen

25:05–25:40

Hans-Peter's wife, Renate appears next on the video. She describes the sporting activities which she so enjoys. Watch the video, then answer the questions below in German.

das Gebirge *mountainous region*	**das Mittelgebirge** *(name given to the hills of central Germany which are not as high as the Alps)*
übertrieben *exaggerated*	

1 Wo geht sie „walken"?
2 Mit wem macht sie das?
3 Wie oft macht sie das?
4 Wo wandert sie gern?

25:41–26:01

der Torwart
goalkeeper

die Ausrüstung
gear, equipment

sich auskennen
to know (a lot) about something

Max spielt gern Hockey und Geige. Am liebsten isst er Pizza und Spätzle mit Kartoffelsalat.

Max Baumeister, Hans-Peter's and Renate's elder son, is keen on sport. Watch the video sequence about him and answer the questions on page 89 in German.

1 Was spielt Max?

2 Warum will er Torwart sein?

3 Womit kennt er sich gut aus?

4

26:01–26:24

In Leipzig, Dorothea Vogel leads a very busy life. Her job means that she often has to work in the evenings. What does she like doing in her spare time? List the three activities she mentions in English.

das fehlt mir *I miss it*	**aber wenn, dann ...** *but when (I do),*
häufig *frequently*	*then ...*

5

26:25–27:17

sich unterhalten mit (+*dat*) *to chat, talk, converse with*

gleichzeitig *at the same time*

das Englisch flüssig halten *to keep my English fluent*

die Semesterferien *university holidays*

Alice Kurz ist Studentin in Tübingen. Sie kommt aus dem Nordschwarzwald.

Alice Kurz describes what she likes doing. Listen to what she says about her interests, then list them below in German. Her first interest has already been noted down.

1 Sie liest gern.

2

3

4

5

6

7

8

6

27:18–27:38

unwahrscheinlich *(here) incredibly*

gastfreundlich *hospitable*

vom Panorama her *from the point of view of the panorama/scenery*

Seit zwei Jahren arbeitet Frau Frenken als Köchin im Gasthaus Rebstock. Sie wurde in der Nähe von Pforzheim geboren und geht gern mit ihrem Hund spazieren.

Margot Frenken describes two holidays she has enjoyed. Which countries did she visit and when?

7

27:39–28:12

ein breites
Spektrum *a*
wide range

**das Reiseziel
(-e)** *destination*

Günter Leypoldt ist
Germanistik- und
Anglistik-Student an
der Tübinger
Universität, wo er auch
einen Teilzeit-Job hat.

Now listen to Günter Leypoldt's account of where he likes to go on holiday, then answer the questions in German.

1 Wohin fährt er gern auf Urlaub?

2 Wohin würde er gerne öfters reisen, wenn es nicht so teuer wäre?

  8

28:13–28:32

Peter Bosch is a farmer and does not have much spare time. Watch the video and look at the list of holiday activities and destinations below. Put a cross against what he has actually done or where he has been to, and what he dreams about doing.

Holiday	Has done this	Dreams about this
Skifahren	❑	❑
Südafrika	❑	❑
Südamerika	❑	❑
Kanada	❑	❑

  9

23:55–28:32

So far in *Lerneinheit 2* you have concentrated on each of the people in the video individually. Now read these seven statements concerning various characters from the video and decide if they are *richtig* or *falsch*. Then rewrite the false statements correctly in German.

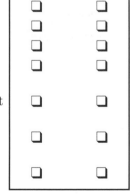

	RICHTIG	FALSCH
1 Hans-Peter Baumeister hat relativ viel Freizeit.	❑	❑
2 Renate Baumeister mag die Natur.	❑	❑
3 Dorothea Vogel geht ziemlich oft ins Café.	❑	❑
4 Alice Kurz verbindet Freizeit und Universität miteinander.	❑	❑
5 Margot Frenken meint, dass die Türken überhaupt nicht gastfreundlich sind.	❑	❑
6 Günter Leypoldt findet Afrika faszinierend, aber er war noch nie dort.	❑	❑
7 Peter Bosch hat Angst vor größeren Reisen.	❑	❑

 10

23:55–27:17

Now collect some useful phrases from what the people say on the video. Listen again to four of them – Hans-Peter and Renate Baumeister, Dorothea Vogel and Alice Kurz. Write down how they say the following sentences, written down on page 91 in a jumbled order. In each case, the speaker uses inversion.

  1 Hans-Peter Baumeister: ich/versuche/die übrige Zeit/, mit meinen Kindern zu verbringen

  2 Renate Baumeister: ein kleines Gebirge/hier/befindet sich/in unserer Nähe

  3 Dorothea Vogel: weil/einfach/es/gibt/ein paar schöne Cafés oder Gaststätten

  4 Alice Kurz: man/abends/dann/keine Energie mehr/hat

**26:25–27:17 and
28:13–28:32**

Listen to Alice Kurz and Peter Bosch once more. Choose one of them, and summarise what he or she says in German, in about 50 words. Use inversion if you can. Both summaries are started off for you.

  1 Alice Kurz ist Studentin und hat viele Hobbys. Sie …

  2 Im Winter fährt Peter Bosch gerne Ski. Er …

EXPRESSING the conditional tense

If you were discussing Dorothea Vogel's busy life and saying that if she had more time, she would like to go out more often for a meal with friends, you might express it in German like this: *Wenn sie mehr Zeit hätte, würde sie gern öfters mit Freunden essen gehen.*

Clauses beginning with wenn, meaning 'if', imply that something is likely to happen given certain circumstances or might just happen, but it's not very likely. These kinds of structures are called the **conditional**.

In conditional sentences you are likely to use the following verbs:

ich hätte (*from* **ich hatte**) = **würde haben** (*would have*)

ich wäre (*from* **ich war**) = **würde sein** (*would be*)

ich könnte (*from* **ich konnte**) = **würde können** (*would be able to*)

Suppose you wanted to make excuses about why you don't do more in your free time. Combine the part sentences below with the phrase *Wenn ich mehr Zeit hätte,* … and the conditional.

Wenn ich mehr Zeit hätte,

  1 die Modelleisenbahn aufbauen

  2 mich öfters mit Freunden in der Kneipe treffen

  3 eine Fahrt mit dem Glacierexpress machen

  4 öfters mal nach Afrika fliegen

  5 Freunde in Kanada besuchen

Finally, turn to *Hörabschnitt 3* on the *Übungskassette* for further practice.

Finally in *Lerneinheit 2*, you will hear a song about one of Germany's most traditional pastimes, *Wandern*. This will help to prepare you for the video about *Wandern* which you will watch at the beginning of *Lerneinheit 3*. *Wandern* is the inspiration for many German folksongs. One of these, called '*Das Wandern ist des Müllers Lust*', was arranged by Carl Friedrich Zöllner (1800–1860). Now listen to this famous version of the song in *Hörabschnitt 4* on the *Übungskassette*.

---

einfallen (+*dat*) *to occur to someone*

stets *always*

auf etwas bedacht sein *to be intent on doing something*

Lerneinheit 3 **Sport für Alt und Jung**

The two sports on which you will focus in *Lerneinheit 3* are *Wandern* and volleyball – one leisure activity which has been enjoyed by Germans for centuries and one which has only recently become popular. The three topics are *Wandern: a popular pastime*, *The history of volleyball* and *Verb practice*.

Lerneinheit 3 provides revision and practice of useful verbs in several tenses.

STUDY CHART

Topic	Activity and resource	Key points
Wandern: a popular pastime	1–6 Video	checking you've understood the video about *Wandern*
	7 Text	practising the perfect tense
	8 Text	practising the imperfect tense
The history of volleyball	9 Text	reading about the history of volleyball
	10 Text	checking you've understood the article about volleyball
Verb practice	11 Text	practising the imperfect tense
	12 Text	writing out the forms and tenses of useful verbs
	13 Text	writing a summary

WISSEN SIE DAS?

Many German folk songs, one of which you listened to at the end of *Lerneinheit 2*, are inspired by the tradition of *Wandern*. *Wandern* is a very popular pastime for Germans of many generations. *Wandern* is usually less arduous than long-distance hiking, but more ambitious than just going for a walk. It typically involves a few hours' ramble through woods and countryside along broad, well-marked tracks. It often includes a visit to a *Gaststätte* for a cool drink or for *Kaffee* (and, as often as not, *Kuchen*).

14:43–17:54

In *Lerneinheit 3* you will work with the video first of all. In the first sequence of the first part of the video for *Thema 4* you will see three walkers out in the Schwäbische Alb, a range of wooded hills near Tübingen. They discuss their favourite pastime, *Wandern*, and what makes it so enjoyable. Watch the whole of this sequence first before concentrating on the individual characters, Rudolf Dobler, Rudolf Kost and Walter Utz.

Herr Dobler ist in Tübingen geboren. Früher war sein größtes Hobby Segelfliegen. Er geht sehr gern wandern.

Now concentrate on Rudolf Dobler (15:22–15:50) and answer the questions below in English.

1 Herr Dobler used to go walking more often than he does now. How often did he go walking before?

2 Why has he had to cut down on the amount of walking he does now?

3 Where, in addition to the Schwäbische Alb, does he go walking with his friend?

---

etwas ausnützen *to make the most of something*

früher *in former times*

unterwegs *'on the road'*

die Gattin = Ehefrau *wife*

etwas einschränken *to cut down on something*

2

15:52–16:29

außerdem *besides, in addition*

Herr Kost ist Rentner und sein Hobby ist die Stadtgeschichte Tübingens. Er wurde in Tübingen geboren, wo seine Familie seit Jahrhunderten gelebt hat.

Now watch Rudolf Kost, who gives three reasons why *Wandern* is such a popular pastime. Can you list them?

3

16:50–17:32

Now listen to Herr Dobler again. He gives two main reasons why he likes *Wandern* – one is that he enjoys seeing the countryside, wherever he is. What is the second reason?

---

der Reiz *the attraction*

der Gleichgesinnte (-n) *someone on the same wavelength, someone you can get on with easily*

pflegen *to tend, to care for; here: to do something often*

4

17:33–17:50

läuten *to ring (of bells)*

üblich *customary*

Walter Utz ist Rentner. Er wohnt in Tübingen, wo er viel Zeit mit seinen Freunden verbringt.

Now listen to Herr Utz as he chats to his companions. What reason does he give for the bells in Hagelloch always being rung at eleven o'clock?

14:43–17:54

Now watch the whole of this video sequence again. Who said which sentence below?

1 I am a member of the Schwäbische Albverein.

2 We used to walk every Saturday and Sunday.

3 Walking is a popular pastime.

4 One must also say, that walking is a very healthy activity.

5 I enjoy the countryside, whether high up in the mountains or here in the Schwäbische Alb.

14:43–17:54

Many verbs have been omitted from these extracts from the video. Watch the video again, and fill in the gaps using verbs from the selection given.

1 Ich _____ sehr oft wandern.

2 Aber ich _____ einen Kameraden, mit dem ich viel auf der Alb bin, oder

im Schwarzwald, oder wohin es uns eben _____ .

3 Die Leute _____ mehr Zeit für sich selbst als früher und _____

dann eben diese Freizeit auch dazu, eher ihre Heimat näher, besser _____

als vorher.

4 Und dann, wenn ich unterwegs _____ , mit meiner Frau oder mit

Kameraden oder auch in der Gruppe im Albverein, das Gespräch mit anderen zu

_____ , mit Gleichgesinnten und so weiter. Also, ich _____ das

immer und _____ das sehr.

> benutzen • zieht • genieße • gehe • führen • habe •
> pflege • kennen zu lernen • haben • bin

LERNTIP

Für's Notizbuch

Look at the video transcript for this *Thema*. Copy out two or three sentences which could be used in describing your own pastimes. You might be able to use a sentence as it stands in the text, such as *„Und da genieße ich einfach die Landschaft"*. Alternatively, you could adapt a sentence to reflect your own interests, as in *„Und da genieße ich einfach die Bewegung"*.

Note down the sentences in your *Notizbuch* under the heading *Freizeit*. Make a conscious attempt to integrate a few sentences from each text into your language: it will boost your confidence and help to make your German sound more authentic.

7 In this activity you are asked to imagine that Herr Dobler is older, and is looking back on the days when he used to go walking. This text contains language which you have heard on the video. Fill in the gaps with the correct verbs from the selection given, using the perfect tense. Remember to use the correct auxilliary verb, *haben* or *sein*. There are some separable verbs here, which you worked on in *Lerneinheit 1*.

Ich _____ sehr gern wandern _____ . Ich _____ Mitglied des Schwäbischen Albvereins _____ , und ich _____ das _____ . Ich _____ immer die Natur _____ . Jetzt _____ wir es ein klein bisschen _____ . Ich _____ einen Kameraden _____ , mit dem ich gute Gespräche _____ _____ .

| einschränken • sein • gehen • ausnutzen • führen • genießen • haben |

8 Now for some practice of the imperfect tense. Fill in the gaps with the appropriate verbs from the selection given, using the imperfect tense.

| **die Glocke (-n)** |
| *bell* |

Als die Bauern in den Feldern _____ , _____ sie die Glocken von Hagelloch. Die Glocken _____ immer um elf Uhr. Dann _____ die Bauernfrauen, dass sie nach Hause _____ . Dort _____ sie das Mittagessen. Als die Männer nach Hause _____ , _____ alles schon auf dem Tisch.

| müssen • arbeiten • hören • läuten • wissen • machen • kommen • stehen |

9 *Wandern* is a pastime for all generations. This may not be true of the sport you will read about next, volleyball. Read this article about volleyball, then choose the correct answer to the questions which follow.

1

1895 spannte William G. Morgan in der YMCA Sporthalle in Holyoke, Massachusetts, ein Netz durch die Halle. Damit erfand er eine der weltweit beliebtesten Sportarten in der Geschichte. Das Spiel hieß zunächst „Mintonette": dieser Name wurde aber bald vom Namen „Volleyball" abgelöst. Das Spiel verbreitete sich rasch in Nordamerika, später auch in Asien und Europa. Der internationale Durchbruch kam nach dem Zweiten Weltkrieg, als vor allem die Staaten Osteuropas, Japan und Korea die moderne Technik entwickelten.

2

Der Internationale Volleyball Verband (FIVB) wurde am 20. April 1947 in Paris gegründet. Heute hat der Verband 211 angeschlossene Nationalverbände mit weltweit rund 160 Millionen aktiven Mitgliedern. Seit 1964 ist Volleyball fester Bestandteil der Olympischen Spiele. Zum hundertjährigen Jubiläum des Spiels im Jahre 1995 fanden in der ganzen Welt Sonderaktionen statt.

3

> Der Deutsche Volleyball Verband (DVV) wurde 1955 in Kassel gegründet und hat heute 450 000 Mitglieder. Es wird aber angenommen, dass fast 6 Millionen Bundesbürger Volleyball ausüben, davon fast 2 Millionen regelmäßig.

spannen *to draw tight*	**der Bestandteil (-e)** *fixture*	**der Verband (-̈e)** *association*
hat ... abgelöst *(from* ablösen*)* *replaced*	**fanden ... statt** *(from* stattfinden*)* *took place*	**ausüben** *to carry out an activity*
gründen *to found*		

I William Morgan invented the game of volleyball in a

    a school **b** YMCA sports hall **c** sports stadium

2 The game was first called

    a Volley **b** Mintonette **c** Netz

3 The game gained popularity first in

    a North America **b** Eastern Europe **c** Japan and Korea

10 The article about volleyball contains many numbers. Why were the following numbers mentioned? Give your answers in English.

    I 1895

    2 1947

    3 211

    4 160 Millionen

    5 1964

    6 1995

    7 1955

    8 450 000

    9 6 Millionen

    10 2 Millionen

11 This paragraph paraphrases the article about volleyball. Fill the gaps with verbs from the selection given, using the imperfect tense.

Als William G. Morgan in der YMCA-Sporthalle mit seinen Schülern _____ ,

_____ er nicht, dass das von ihm erfundene Spiel bald weltberühmt sein würde.

Das Spiel _____ zunächst „Mintonette"; bald _____ es aber

„Volleyball" genannt. Es _____ in Nordamerika raschen Fortschritt, und nach

und nach _____ sich das Spiel auch in Asien und in Europa. Nach dem Zweiten

Weltkrieg _____ die Staaten Osteuropas, Japan und Korea _____ ,

die moderne Technik zu entwickeln.

| werden • wissen • anfangen • heißen • spielen • verbreiten • machen |

12 In *Lerneinheit 3* you have used a variety of verbs in the present, perfect and imperfect tenses. To help you to remember the various forms, complete the table below, and make a note of them in your *Notizbuch*.

Infinitive	Ist person Present	Imperfect	Perfect
anfangen	ich fange an	ich fing an	ich habe angefangen
arbeiten			
gehen			
genießen			
haben			
heißen			
kommen			
sein			
spielen			
stehen			
werden			
wissen			
ziehen			

The vowel changes in the different tenses are often similar to those in English – *singen* is a particularly good example: *singe, sang, gesungen*.

The best way to remember the verb forms is to write them in your *Notizbuch*, in four columns as above. Look through your lists from time to time to remind yourself of the different forms the verbs take.

LERNTIP

In a dictionary, verbs are given in the infinitive, such as *genießen*. Most dictionaries also give the imperfect and perfect forms of irregular verbs – *genoss, genossen*.

If the dictionary gives an 'h' after the past participle, this shows that the auxiliary verb is *haben*, so the full perfect tense form is *ich habe genossen*.

If the dictionary gives 'sn' after the past participle then this shows that the auxiliary verb is *sein* – *ich bin gekommen*.

13 Now practise using some of the verbs you have listed, in expressions you learned in *Thema 3*. Study the words and phrases below, then use them to write a summary of about 100 words of an imaginary day yesterday in the office and after work. Use the perfect tense when talking about the past. The first sentence has been given to start you off.

Gestern

Von Beruf bin ich Büroleiter/in…

von Beruf   Büroleiter/in   der Tagesablauf   beginnen   acht Uhr   Gestern   anstrengend   als   ankommen   zuerst   Tasse Kaffee   anschließend   die Post lesen   Termine vereinbaren   die Korrespondenz erledigen   den ganzen Tag   Besprechungen   deswegen   aus diesem Grund   keine Zeit   der Mittagspause   spazieren gehen   nach Feierabend   Volleyball spielen   ein alter Verein   am Rande der Stadt   1960 gegründet   viele Freunde treffen   sich entspannen   todmüde ins Bett fallen

Checkliste

By the end of *Teil I* you should

○ have learned how to give reasons for a particular choice of educational course (*Lerneinheit I*, Activity 2)

Seite 81

○ have revised separable verbs (*Lerneinheit I*, Activity 6)

Seite 84

○ be able to make enquiries about adult education courses (*Lerneinheit I*, Activity 7)

Seite 85

○ be able to understand a campaign document to do with adult education (*Lerneinheit I*, Activity 9)

Seite 85

○ be able to understand Germans talking about their leisure activities (*Lerneinheit 2*, Activities 1–5)

Seiten 88–8?

○ be able to use *wenn* clauses with the conditional (*Lerneinheit 2*, Activity 12)

Seite 91

○ have practised the perfect tense (*Lerneinheit 3*, Activities 7 and 13)

Seiten 96&9?

○ have practised the imperfect tense (*Lerneinheit 3*, Activity 8)

Seite 96

○ have revised numbers (*Lerneinheit 3*, Activity 10)

Seite 97

Teil 2

Die Ferien

Teil 2 concentrates on the theme of holidays in Germany and abroad. In *Lerneinheit 4, Wohin und warum?*, you will hear and read about why people choose to go where. *Lerneinheit 5, Ferien in Deutschland?*, gives you the chance to analyse some typical jargon from holiday brochures, as well as consider the general situation of tourism in Germany today. In *Lerneinheit 6, Öko-Ferien*, you will look at the growing phenomenon of environmentally friendly holidays.

By the end of *Teil 2*, you will have gained experience in expressing opinions, intentions and preferences, asking for information and giving advice.

Lerneinheit 4 Wohin und warum?

There are three topics in *Lerneinheit 4*. The first topic is *Who goes where and why?*, which covers a wide range of language relating to holiday destinations. The second topic is *Choosing a destination*. The third topic, *Postcard from the Pyrenees*, will give you a chance to write briefly about a holiday.

By the end of *Lerneinheit 4*, you will have revised expressions of time and covered the language of holiday choice, as well as practising prepositions involving movement and rest.

STUDY CHART

Topic	Activity and resource	Key points
Who goes where and why?	1 *Übungskassette*	listening to people talking about holiday destinations
	2 *Übungskassette*	revising expressions of time
	3 *Übungskassette*	practising using infinitives with *zu*
	4 Text	finding out where leading citizens of Leipzig go on holiday
	5 Text	practising *um ... zu*
Choosing a destination	6–7 Text	practising the use of prepositions
	8 Text	practising both *um ... zu* and prepositions
Postcard from the Pyrenees	9 Text	writing a holiday postcard
	10 Text	doing a word search

Listen to *Hörabschnitt 5* on the *Übungskassette*. One man and three women talk about their holidays. Which countries did they visit? Answer the questions below in German.

vorzugsweise *preferably*	**rumwursteln** *here: to do all sorts of things, to mess about*	**die Möglichkeit (-en)** *possibility, opportunity*
der Schüleraustausch (-e) *school (student) exchange*	**vorhaben (wir haben ... vor)** *to intend*	**sich selbst versorgen** *to self cater*
enge Beziehungen *close contacts*		

1 Herr Hartmann war mal in _____ und in _____ .

2 Frau Rautenberg-Wolf ist in den letzten Jahren immer wieder gern in _____ _____ gefahren.

3 Frau Patzwahl war letztes Jahr in _____ _____ , und den Urlaub vorher war sie in _____ . Dieses Jahr hat sie vor, nach _____ zu fahren.

4 Frau Storr war in den letzten Jahren in _____ .

When listening to *Hörabschnitt 5* you will have heard several expressions to do with time. Can you find the German equivalents for these English expressions?

1 for half a year

2 in the last few years

3 last year

4 in the summer

5 in the spring

6 this year

USING Infinitives

Infinitives with *zu*

Have a look at these sentences:

Es ist einfach sehr schön, so frei in der Natur draußen *zu* leben und *zu* kochen und rumzuwursteln.

*It is just very nice **to** live outside in the open air, **to** cook and **to** mess about.*

Wir haben vor, nach England *zu* fahren.

*We intend **to** go to England.*

As in English, the first verb, *vorhaben*, is followed by an infinitive, *zu fahren*.

Ich habe einfach Lust, Spagetti *zu* essen.

*I would really like **to** eat spaghetti.*

CONTINUED |||➡

In all these examples the verb in the infinitive with *zu* (*zu essen*) is dependent on another verb (*Lust haben*).

Infinitives without *zu*

There are, however, exceptions to the above rule. Modal verbs (*können, wollen, müssen, sollen, dürfen*) do not need the *zu*.

Ich kann kommen.
Ich muss arbeiten.

Infinitives with *um ... zu*

Um ... zu to express 'in order to do something':
Ich fahre an die See, *um zu* schwimmen und spazieren *zu* gehen.

 3 The four holidaymakers in *Hörabschnitt 5* make frequent use of infinitives, both with and without *zu*. Some of what they said has been transcribed here, but some verbs have been omitted. Listen to *Hörabschnitt 5* again and fill in these gaps with infinitives with *zu* or without *zu*, as appropriate.

Frau Rautenberg-Wolf

I Ich habe einen kleinen Sohn, und da ist es einfach, für Kinder ist es sehr schön, so frei

in der Natur draußen, _____ _____ und _____

_____ und _____ .

Frau Patzwahl

2 Dieses Jahr haben wir vor, nach England _____ _____ . Ich weiß

nicht, ob im Sommer, oder vielleicht jetzt im Frühjahr, und zwar Freunde

_____ .

Frau Storr

3 Wenn man eine Familie hat, hat man nicht so die Möglichkeiten, am Atlantik

_____ _____ .

4 Waren wir in Österreich, paar mal, und, ja, da kann man sich selbst _____ ,

und kann die Kinder springen _____ .

4 In the article below, the *Leipziger Volkszeitung* tells its readers how some of Leipzig's prominent people plan to spend their summer. Read the text, then answer the questions below in German.

Wo machen Sie dieses Jahr Urlaub?

Helmut Lunau

Leipzigs Polizeipräsident **Helmut Lunau** zieht es an die Atlantikküste. Mitte Juli fährt er mit seiner Liebsten – der Ehefrau – auf einen Campingplatz. Strandspaziergänge, baden und Brandungsangeln sollen sein Polizistenherz erfreuen. „Ich fange aber immer nur ganz kleine Fische", gibt Lunau ehrlich zu.

Arbeit und Dienst verbindet Zoodirektor **Peter Müller**. So besuchen er und seine Frau Anfang August die internationale Zoodirektoren-Jahrestagung in Sao Paulo/Brasilien. „Es ist unsere erste Südamerika-Reise. Ich bin unheimlich gespannt auf die Vegetation im Urwald und auf die Kultur dieses Landes."

Keinen Urlaub hat sich Opern-Intendant **Udo Zimmermann** vorgenommen. „Das ganze Jahr sitze ich an diesem komischen Schreibtisch. Da muß ich doch meinen Urlaub nutzen, um zu komponieren, um kreativ zu bleiben. Ich bin schließlich Künstler." Gustav Mahler ging es ähnlich, läßt sich der Intendant entlocken. Zimmermann arbeitet im Sommer an einem Stück für die Dresdner Philharmonie.

1 Wohin möchte Polizeipräsident Helmut Lunau?

2 Und Herr und Frau Müller? Wohin fahren sie in diesem Jahr?

3 Was hat Opern-Intendant Udo Zimmermann im Sommer vor?

4 Wohin fährt Herr Lunau am liebsten?

5 Was kann man gut an der Küste?

6 Warum fahren Herr und Frau Müller nach Brasilien?

7 Worauf sind sie gespannt?

8 Was macht Herr Zimmermann das ganze Jahr?

9 Woran arbeitet Herr Zimmermann im Sommer?

der Strand (¨e) *beach*	**die Tagung (-en)** *conference*	**der Opernintendant (-en)** *opera director*
die Brandung (-en) *surf, breakers*	**unheimlich** *here: incredibly*	
angeln *to fish*	**gespannt auf** (+acc) *excited about*	**sich etwas vornehmen** *to plan to do something*
der Dienst *work*	**der Urwald (¨er)** *jungle*	**der Künstler (-)** *artist*

5 Finally in this work on *zu*, use the construction *um ... zu* with the bracketed infinitives to complete the following sentences.

1 Da muss ich meinen Urlaub nutzen, (*komponieren*).

2 Helmut Lunau fährt an die Atlantikküste, (*baden und angeln gehen*).

3 Peter Müller fährt nach Brasilien, (*an einer Tagung teilnehmen*).

4 Udo Zimmermann bleibt in Leipzig, (*an einem Stück für die Dresdner Philharmonie arbeiten*).

USING prepositions

When talking about holiday destinations, the most difficult aspect is often deciding which preposition to use. The choice may vary even from speaker to speaker, or from area to area of Germany. There are, however, some general patterns:

Preposition	Case	When is it used?	Example
an	accusative (where movement is involved)	with the sea, coast, lakes, rivers	*sie fährt an die Küste; wir fahren an den Rhein*
auf	accusative (where movement is involved)	with places you go onto	*er fährt auf die Ostfriesischen Inseln; ihr fahrt auf einen Campingplatz*
in	accusative (where movement is involved)	with names of countries which always have an article; points of the compass with an article	*ich fahre in die Schweiz; du fährst in den Schwarzwald; wir fahren in den sonnigen Süden*
an, auf, in	dative (where no movement is involved)		*wir sind an der Ostsee; wir sind in Bremen; du bist auf dem Bauernhof; die Kinder spielen im Wasser*
nach	dative only	with neuter names of countries and towns used without an article; points of the compass without an article	*wir fahren nach Amerika; ich fahre nach Rom; du fährst nach Osten*
zu	dative only	with people; buildings	*wir fahren zu unseren Verwandten; wir fahren zum Bahnhof*

6 The prepositions have been omitted in the following sentences. Use the information above to help you fill in the gaps with the correct prepositions.

1 Ich fahre nächstes Jahr _____ Frankreich.

2 Helmut Lunau zieht es _____ die Atlantikküste.

3 In den letzten Jahren bin ich immer wieder gerne _____ Italien gefahren.

4 Wenn man eine Familie hat, hat man nicht so Möglichkeiten, _____ den

Atlantik zu fahren. Man geht _____ eine Ferienwohnung.

5 Peter Müller fährt _____ den Süden, _____ Sao Paulo.

6 Ich fahre gern _____ die Berge _____ Wandern.

7 Peter Müller hat vor, _____ den Urwald zu gehen.

LERNTIP

Für's Notizbuch

Did you notice the following phrase in the newspaper article in Activity 4 and in Activity 6?

uns zieht es nach … *we are drawn to*

Note that with *ziehen* the accusative form *uns* is used. Here is another example:

Ich habe einen Kameraden, mit dem ich viel auf der Alb bin, oder im Schwarzwald, oder wohin es uns eben zieht.

The verb *ziehen* means 'to pull', and it appears as part of many other words. It is worth collecting examples of uses of *ziehen* (and the noun form *der Zug*) in all its forms and writing them in your *Notizbuch*. This will make it easier for you to work out the meaning of words which you have never seen before, but which include *ziehen* or *Zug*.

sich anziehen *to get dressed (to **pull** something on)*

der Zug *the train (the **pull**er)*

der Anzug *a suit (something which is **pull**ed on)*

umziehen *to move house, to **pull** things around*

die Anziehungskraft *fascination, gravitation, magnetism (the power to **pull** things)*

In Activity 6 you practised choosing the correct preposition to fill in the gaps in the sentences. In this activity you need to choose the correct preposition **and** decide on the correct case ending.

Ten destinations are listed on the right-hand side of page 107. Decide which preposition you need to follow *Wir fahren* and complete the sentences.

		1	die schottischen Inseln
		2	die Nordsee
	an	3	die Donau
	auf	4	Berlin
Wir fahren	in	5	Osten
	nach	6	Frankreich
	zu	7	unsere Freunde
		8	der kalte Norden
		9	die Türkei
		10	das Gewandhaus

8

In *Lerneinheit 4*, you have practised using *zu* with infinitives (Activities 3 and 5) and have worked on the prepositions involved in travel (Activities 6 and 7). Now practise using both of these grammatical structures.

The words in these sentences are jumbled up. Please sort them out and add the correct preposition and definite article, if necessary.

1 Im März/wir/vor/Toskana/fahren/haben/zu
2 Im Sommer/ich/habe/Schweiz/fahren/vor
3 Nächstes Jahr/vor/mein Sohn/hat/Schwarzwald/fahren
4 Im Herbst/wir/vor/Berge/gehen/haben
5 Am Wochenende/meine Tochter/vor/Prag/fahren/hat
6 Zu Ostern/habe/meine Verwandten in Bayern/fahren/ich/vor

9

Die Pyrenäen in Spanien

Here is an opportunity to make use of some of the holiday German you have learned. Write a holiday postcard of about 50 words to Frau Nestler, a friend of yours in Germany. Include the following information:

- you are staying at a beautiful campsite on the Atlantic coast
- you travelled to the Atlantic coast a week ago and have been on trips to Spain and to the Pyrenees
- you have been to the town of Biarritz, where you visited the old city centre
- you intend to travel back to England at the weekend

Finally, here is a word search where you need to unearth 14 words you might find useful on a camping site. Words may run up and down, backwards and forwards and even diagonally.

Z	I	K	E	T	T	E	L	I	O	T	R
R	T	E	L	L	E	R	Ö	J	L	N	U
E	D	A	H	P	M	N	F	Y	R	E	C
N	U	R	L	A	U	B	F	V	Ä	G	K
F	S	G	Q	P	Ü	B	E	N	X	A	S
F	C	W	O	Z	G	Ö	L	Z	O	W	A
Ö	H	T	T	Y	L	N	D	Ü	Ö	N	C
N	E	I	A	R	E	M	I	E	E	H	K
E	T	E	S	H	C	Ü	B	P	A	O	B
S	W	A	S	C	H	R	A	U	M	W	C
O	F	V	E	T	V	I	V	U	E	A	D
D	K	C	A	S	F	A	L	H	C	S	C

Lerneinheit 5 **Ferien in Deutschland?**

There are three topics in *Lerneinheit 5*. The first topic is *Checking holiday adverts*, where you will look at the detail of the language commonly used. The second topic is *Making a booking by letter and phone* and the third topic, *Writing about holidays*.

Lerneinheit 5 will give you plenty of practice in writing and phoning to make enquiries, as well as cracking the codes of holiday adverts.

STUDY CHART

Topic	Activity and resource	Key points
Checking holiday adverts	**1 Text**	translating key words from a holiday advert
	2–3 Text	deciphering abbreviations in holiday advertisements
	4 Text	making comparisons between *Bauernhöfe*
Making a booking by letter and phone	**5 Text**	writing a letter to make a holiday booking
	6 Text	preparing to make a telephone booking
	7 *Übungskassette*	making a phone call without success
	8 *Übungskassette*	making a telephone booking for a holiday
Writing about holidays	**9 Text**	writing a letter about a holiday

The first four activities in *Lerneinheit 5* will help you to understand German holiday brochures and advertisements.

Read the advertisement overleaf, which is for an all-inclusive skiing holiday for young people. Below are eight English words and phrases which normally feature in adverts like these. Find the German equivalents in the advertisement. The first one is done for you.

gemütlich *cosy, comfortable*

das Mehrbett-Zimmer *room with several beds in*

der Imbiss (-e) *snack*

der Skipass (¨e) *ski pass*

1 accommodation → *Unterbringung*
2 insurance
3 deposit
4 meals

5 what is included
6 tour guide
7 if desired
8 on request

```
F    A    C    T    S
```

Unterbringung: Jugendgästehaus mit gemütlichen Zwei-
bett-Zimmer mit Dusche/WC. Auf Wunsch auch Mehrbett-
Zimmer möglich.

Verpflegung: Vollpension; Frühstück, kleiner Mittagsimbiß
im Skigebiet und warmes Abendessen.

Leistungen: Busreise, Unterbringung, Verpflegung,
Freizeitprogramm, Betreuung und Reiseleitung, Ver-
sicherung.
Anzahlung: 100 DM
(Preis für Skikurs und Skipaß auf Anfrage)

Reisetermin von-bis	EDV-Code	Tage	Preis	Alter
Fr.19.02.93 -Mi.24.02.93	SPITA1902	6	590 DM	13-15
Fr.19.02.93 -Mi.24.02.93	SPITA2002	6	590 DM	16-25
Fr.05.03.93 -Sa.13.03.93	SPITA0603	6	770 DM	16-25

2 A common feature of German holiday advertisements is the use of abbreviations.
Here is a typical example. Read through it and identify the abbreviations for the
words shown in full below. Then write down what they mean in English.

**die Liegewiese
(-n)** *lawn for
sunbathing*

**die Ermäßigung
(-en)** *reduction*

**der
Pauschalpreis
(-e)** *inclusive
price, package
deal*

**der Zuschlag
(-̈e)** *supplement*

anfordern *to
request*

Pens. Schwanenhof

Idyll. La. i. Naturpark Bayr. Wald Komf.-Zi. Liegew. Kinderermäßig. bis 100% HP 53,–
VP 60 ÜF ab 35,– Pauschalpr.: 1 Wo. HP 295,– pr. Pers. Einzelzimmerzuschl. 20,– DM
Prosp. anf. Fam. Kronach. Tel. 0 99 29/22 34

1 idyllische Lage

2 Übernachtung mit Frühstück

3 Prospekt anfordern

4 Kinderermäßigung

5 im Naturpark Bayerischer Wald

6 Halbpension

7 Vollpension

8 Einzelzimmerzuschlag

9 pro Person

10 Komfort-Zimmer

11 Familie

12 Liegewiese

13 eine Woche

14 Pauschalpreis

15 Telefon

LERNTIP

Compound nouns

The German language contains many long words, which can look and sound rather daunting at first sight. If you break the word up into its component parts, you should find that it makes sense, although sometimes the meaning can be slightly different. You will find this in the second example below.

der Kunstkurs = die Kunst + der Kurs
 (art course)   *(art)*   *(course)*

das Gasthaus = der Gast + das Haus
(guesthouse, pub, inn) *(guest)*   *(house)*

When two or more words are joined together and the last word is a noun, the new word formed is called a compound noun. It is important to know that compound nouns take the gender of the last noun.

das Federvieh = die Feder + das Vieh
 (poultry)   *(feather)*   *(domesticated animal, cattle)*

Compound nouns also take the same plural as the last noun.

das Gasthaus *(singular)* → **die Gasthäuser** *(plural)*

In some cases, the first part of the compound noun may already be plural or genitive, as in *der Bauernhof.* The plural of this is *die Bauernhöfe.*

The first word or part of the first word carries the stress. You say *der **Bau**ernhof* and *das **Fed**ervieh.*

Compound nouns are an important feature of the German language and are an efficient and economical way of relaying information or of creating new words. It can be great fun to make up your own. Make a note in your *Notizbuch* of those you find especially useful.

---

3 Here is an advertisement for a *Gasthaus* in another *Naturpark*. Read through it and find the abbreviations which match the English phrases in the list below.

Gasth.-Pens. „Zum Stern" Ruh. Lage, Wald, Wandern, mod. Hs., Zi. m. Du./WC, Balk., gute Küche, eig. Schlachtg., geheizt. Schw'bad b. Hs. (freie Ben.), Liegew., Terr. m. Grillparties, Bundeskegelb., K.-Spielpl., Angeln, Tennis, Reiten, Hallenb. Kindererm.-Preis, Reisegr. Prosp. anf. VP ab 41,- DM, HP ab 36,- DM, ÜF ab 26,- DM. Fam. Hückmann, 96126 Maroldsweisach/Birkenfeld (i. Naturpark Haßberge). Tel.: 0 95 32/3 85

1 quiet location	**6** heated pool near the house
2 rooms with shower and toilet	**7** bowling alley
3 free use of	**8** indoor pool
4 lawn for sunbathing	**9** bed and breakfast
5 home-reared meat	**10** reduction for children

4 Now you are asked to choose between two possible farm holidays. Below are the advertisements for both of them.

Read them and look at the checklist provided on page 113 to compare the two farms. Put crosses in the appropriate columns if the relevant information is given in the advertisements.

die Schlachtung (Hausschlachtung)
home-reared meat i.e. from our own stock

die Schonkost
food for special diets

die Kur (-en)
convalescence

die Dorfrandlage
position at the edge of the village

Wir haben ein Herz für Sie!

**Bauernhof-Pension Brandt
Eichholz · Kantstr. 13
32839 Steinheim
☎ 0 52 33 - 77 38**

Urlaub machen, richtig ausspannen und sich dabei sofort „wie zu Hause fühlen". Das wünschen wir Ihnen für Ihren Urlaub, und wollen es Ihnen mit unserem Angebot leicht machen:
● Aufenthaltsräume ● Liegewiese ● Swimmingpool ● Sauna ● Tischtennis ● Reiten ● Kutschfahrten ● Fahrradverleih ● Gymnastik nach Anleitung ● Grillabend ● eigene Schlachtung ● Auf Wunsch Schonkost ● Seniorenprogramm ● Kinderermäßigung ● Gruppenprogramm ● Pauschalangebote in der Vor- und Nachsaison ● Gutausgebaute Fahrradwege ● Wander- und Radwanderwochen für Gruppen und Einzelgäste mit Führung. ● Alle Zimmer mit Dusche/WC und Farb-TV.

Unser Haus hat eine schöne, ruhige Lage in einer bäderreichen Gegend.

Es ist deshalb für Kuren sehr geeignet!

Bei uns finden Sie noch jede Menge Tiere: Pferde, Schweine, Schafe, Ziegen, Esel, Federvieh, Hund und Katze.
Unser besonderer Service: Heimatabholung möglich!

Vollpension bereits ab DM 54,-, Halbpension ab DM 44,- Übernachtung/Frühstück ab 32,- DM. Im Preis enthalten: Reiten, Kutschfahrten und verschiedene gemeinsame Unternehmungen.

Bauernhof-Pension Tilly

ERKELN

Willkommen auf unserem kleinen Bauernhof.
In familiärer Atmosphäre finden Sie bei uns eine liebevolle Betreuung. Wir sind kinderfreundlich und bieten eine gute Verpflegung für jung und alt. Sie kommen als Gast und gehen als Freund.

Zum Betrieb: Dorfrandlage in Wiesen, Felder und Wälder eingebettet, Land- und Forstwirtschaft, Tierhaltung, kl. Pferd, Liegewiese und Kinderspielplatz, Küchenbenutzung, Hütte im eigenen Forst, Hausschlachtung und Gemüseanbau, selbstgebackenen Kuchen.

Aktiv-Urlaub: Radwandern, Tischtennis, Grillabend am Lagerfeuer, Basteln, kunstgewerbliche Anleitung Bauernmalerei, Tonarbeiten, Tennis und Angelmöglichkeiten.

VP ab DM 36,-   ÜF / HP / Kinderermäßigung
Ferienwohnung – Preise auf Anfrage

Erkeln · Lindenweg 1-2
33034 Brakel
Telefon 0 52 72/72 52

	Bauernhof-Pension Brandt	Bauernhof-Pension Tilly
1 Gibt es Tiere auf dem Hof?	❑	❑
2 Gibt es ein Freibad?	❑	❑
3 Kann man Kutschfahrten machen?	❑	❑
4 Gibt es Kunstkurse?	❑	❑
5 Gibt es Zimmer, in denen man sich auch tagsüber aufhalten kann (z.B. bei Regen)?	❑	❑
6 Darf man sein eigenes Essen in der Küche zubereiten?	❑	❑
7 Ist das Fleisch aus eigener Schlachtung?	❑	❑
8 Haben die Zimmer eigene Dusche und WC?	❑	❑
9 Kann man eine Ferienwohnung mieten?	❑	❑

5 You decide to write to Bauernhof-Pension Brandt since it looks the cheaper deal. Complete the letter overleaf, using the correct form of the verbs in brackets. You will need to use modal verbs with infinitives, expressions with *zu* + infinitive, *um … zu …* and inversion. Most of these were covered in *Lerneinheit 4* if you want to refer back.

<table>
<tr><td>

voraussichtlich
as far as we can predict

abreisen *to depart*

</td><td>

Sehr geehrte Familie Brandt,

  im Sommer (*wir vorhaben*), nach Deutschland (*fahren*). Wenn möglich (*wir möchten*) zwei Wochen auf einem Bauernhof (*verbringen*). Voraussichtlich (*wir brauchen*) zwei Doppelzimmer. (*wir hätten*) gern Zimmer mit eigenem Bad.

  (*wir vorhaben*), England am 6. Juli (*verlassen*), und in Deutschland am 8. Juli (*ankommen*). (*wir könnten*) aber auch ein paar Tage später (*ankommen*), wenn es Ihnen besser passt. (*wir müssen*) aber am 22. Juli (*abreisen*), um unsere Fähre nicht (*verpassen*).

  In einem Ferienmagazin (*wir haben*) eine Ihrer Anzeigen (*sehen*), und wir würden uns sehr freuen, wenn wir bei Ihnen Unterkunft finden (*könnten*). Haben Sie im Juli zwei Zimmer frei? Bitte schicken Sie uns Ihre Preisliste. Wir freuen uns auf Ihre Antwort.

  Mit freundlichem Gruß,

  Familie _____

</td></tr>
</table>

LERNTIP

Für's Notizbuch

In *Thema 3, Lerneinheit 3* you worked on telephone conversations and identified useful phrases. Here are some more phrases worth noting in your *Notizbuch*:

- Guten Abend. Mein Name ist … Ich rufe aus England an.

- Ich hätte gern ein paar Auskünfte über Ihre Pension.

- Ich habe eine Anzeige von Ihnen gesehen.

- Ich hätte noch eine Frage.

- Kann ich Sie noch etwas fragen?

- Ich bedanke mich.

- Herzlichen Dank.

- Ich danke Ihnen.

6   Since you have received no reply to your letter, you have decided to phone Bauernhof-Pension Brandt. Prepare for the call by writing out the following sentences in German.

1 We plan to go to Germany next year.

2 We'd like to spend our holidays on a farm.

3 We'd like to arrive on the 8th July.

    4 We must leave on the 22nd July.

    5 Do you have two rooms free?

    6 Do the rooms have their own bathrooms?

    7 Is there an open-air pool?

 7 Now make a telephone call to Bauernhof-Pension Brandt.

    Look at the conversation below. Prepare what you are going to say, then use *Hörabschnitt 6* on the *Übungskassette*. If you need help, turn back to *Thema 3*, *Telefongespräche* on page 65.

– Hier Brandt. Bauernhof-Brandt.

– *(Hallo, I'd like to speak to Frau Brandt, please.)*

– Äh, tut mir leid, die ist im Moment nicht da. Kann ich etwas ausrichten?

– *(No thanks, I'd like to speak with her personally. When will she be back?)*

– Ab 18 Uhr ist sie wieder da.

– *(OK, I'll phone back later. Goodbye.)*

– In Ordnung, tschüs.

– *(Say goodbye.)*

 8 Now listen to *Hörabschnitt 7* on the *Übungskassette*.

    Here is your chance to take part in the conversation with Bauernhof-Pension Brandt which you have been preparing for. Use phrases from the letter you completed in Activity 5 and the phrases from Activities 6 and 7.

Frau Brandt	Brandt. Bauernhof Brandt, guten Abend.
Sie	*(Good evening. I've seen an advertisement about your farm. I'd like to spend my holidays there with my family.)*
Frau Brandt	Aber gerne. Wann haben Sie vor, zu kommen? Im August sind wir schon sehr voll.
Sie	*(No, we're not coming in August.)*
Sie	*(We'd like to come for two weeks, probably from the 8th to the 22nd of July. Is that OK?)*
Frau Brandt	Ja, das geht. Für wie viele Personen?
Sie	*(I need a double room and a single room.)*
Sie	*(How much is a double room?)*
Frau Brandt	50 DM das Doppelzimmer und 30 DM das Einzelzimmer.
Sie	*(That's OK. Is that with a bath or a shower?)*
Frau Brandt	Bei uns haben alle Zimmer Duschen.
Sie	*(One more question. Do you have a swimming pool?)*
Frau Brandt	Naja, bei uns gibt's einen kleinen hinten im Garten. Ein größeres Freibad gibt es im Dorf.

Sie	*(Excellent! I'll have to talk about this with my family. I'll call back tomorrow. Goodbye.)*
Frau Brandt	Vielen Dank für die Anfrage. Äh, sicher höre ich wieder von Ihnen, ja? Tschüs!

9 You have finally arrived at the Bauernhof-Pension Brandt and are spending a very enjoyable holiday there. One of your holiday tasks is to write a letter to some German friends of yours, so describe your stay on the farm.

Write out this letter, filling the gaps by putting the verbs provided into the perfect tense. Begin „*Wir sind vor zehn Tagen hier angekommen …*". Watch out for separable verbs and their position in the sentence, and for verbs with irregular past participles.

Liebe Familie Werner,

viele herzliche Grüße von diesem wunderschönen westfälischen Bauernhof!

Wir (*ankommen*) vor zehn Tagen hier, und wir (*verbringen*) herrliche, ruhige Tage. Wir (*Rad fahren*) viel, wir (*machen*) wunderbare Spaziergänge, und wir (*erforschen*) diese reizvolle Gegend. Wir (*besichtigen*) das eindrucksvolle Hermannsdenkmal, und (*anschauen*) uns das Freilichtmuseum in Detmold. Dort (*zuschauen*) wir, wie man Roggenbrot bäckt, und wir (*ausprobieren*) selber, wie man Kühe mit der Hand melkt. Die frische Milch (*schmecken*) sagenhaft.

Als wir (*ankommen*), war es noch kühl, aber seit einer Woche haben wir schönstes Sommerwetter. Gestern (*donnern*) es zwar, und es (*regnen*) kurz ganz heftig. Aber als wir (*aufwachen*) heute früh, war es wieder warm und sonnig.

Wir hoffen, es geht Ihnen gut.

Viele liebe Grüße

Ihre Familie _____

Lerneinheit 6 **öko-Ferien**

The first topic of *Lerneinheit 6* is *Working on the audio drama* – the latest episode of the *Hörspiel*, in which Bettina and Thomas seem to be meeting more and more often … and Sonja is not happy about it.

There are two topics dealing with holidays and whether people pack their environmentally friendly behaviour patterns in their suitcases: *Different on holiday?* and *Protecting the environment on holiday*. The final topic is *Brecht reflects on a paradox*, a poem by the German poet Bertolt Brecht in which he challenges the reader to consider his/her reactions to travel.

By the end of *Lerneinheit 6*, you will have practised giving advice, including the use of the imperative. You will also have had the chance to read articles written in typical popular magazine style.

STUDY CHART

Topic	Activity and resource	Key points
Working on the audio drama	1 *Hörspiel*	checking you've understood the drama episode
	2 *Hörspiel*	picking out useful expressions from the drama
Different on holiday?	3–4 Text	reading articles about environmentally unfriendly behaviour
	5 Text	checking you've understood the articles
	6–7 Text	reading about environmentally friendly behaviour on holiday
Protecting the environment on holiday	8 Text	checking you've understood the articles
	9 Text	writing advice based on the information in the articles you've read
	10 Text	writing about your holiday
Brecht reflects on a paradox	11 Text	reading a poem about travel

Hörspiel, Folge 4

Listen to the next instalment of the *Hörspiel*, which starts on a street in Leipzig, where Thomas is busking. Then answer these questions in German, using complete sentences.

1 Warum mag der Herr das Lied „Wie schön blüht uns der Maien"?

2 Wer war am Telefon, als Thomas Bettina angerufen hat?

3 Warum ist Thomas so glücklich, wenn er Bettina anruft?

4 Warum möchte Thomas mit dem Geld kein Geburtstagsgeschenk für Kai kaufen?

5 Was hat Sonja gemacht, als Thomas mit Bettina am Telefon sprach?

6 Wohin sind Bettina und Thomas am nächsten Tag gegangen?

7 Was hat Bettina im Café gegessen?

8 Was hat Thomas im Frühling vor?

9 Woran dachte Bettina, als Thomas sie einlud, wandern zu gehen?

10 Was findet am nächsten Wochenende statt?

11 Wofür entschuldigte sich Sonja, als sie zurückkam?

12 Warum passt es Sonja nicht, dass Bettina und Thomas vorhaben, zu Orhans Party zu gehen?

13 Wie ist Sonjas Laune am Ende der Episode? Und wie zeigt sie ihre Laune?

Hörspiel, Folge 4

The opening lines of *Folge 4* contain three useful idiomatic expressions of time. What do the three expressions mean in English? Here are the lines with the expressions missing. Listen to the *Hörspiel*, then fill in the gaps.

Passer by   Entschuldigen Sie, mein Herr!

Thomas   *Ja?*

Passer by   Kennen Sie vielleicht „Wie schön blüht uns der Maien"?

Thomas   *Ja, ich glaube schon. Warum?*

Passer by   Das habe ich _____ _____ _____ auf meiner Hochzeitsreise gehört. Können Sie das für mich spielen? Es würde mich sehr, sehr freuen.

Thomas   *Okay. Ich hab's aber _____ _____ _____ mehr gespielt. Mal sehen …*

Passer by   Danke! Danke vielmals. Sie spielen sehr, sehr gut. Hier, für Sie.

Thomas   *So viel?*

Passer by   Aber sicher. Das war wirklich wunderbar!

Thomas   *Danke. Danke schön … Bettina!*

Sonja   Hier ist Meier.

Thomas   *Sonja? Hallo! Hier ist der Thomas! Wie geht's? Hab' dich ja _____ _____ gesehen. Ist das nicht witzig, dass die Bettina bei dir wohnt!*

3

Bettina and Thomas like walking in the mountains. Like many Germans, they are conscious of environmental issues. They want their lives to be *umweltfreundlich*. The article extracts in Activities 3, 4, 6 and 7 come from a magazine for young people and contain advice on how to look after the environment when on holiday.

Read the first extract *'Genuss ohne Reue'*, and check that you have understood most of it by deciding if the statements below are *richtig* or *falsch*. Write out the correct versions in German of those which are *falsch*.

> **Genuß ohne Reue.** Zu Hause hängt die Energie-sparlampe, im Toilettenspülkasten ist ein Wasserstop eingebaut, und es wird geduscht statt gebadet. Doch  im Urlaub verschwenden manche keinen Gedanken an die Umwelt: Da wollen sie abschalten und genießen und langen in Sachen Energiever-schwendung in die Vollen. Warum nicht sechsmal am Tag dauer-duschen, wenn's doch so heiß ist! Und auch daß der Mietwagen keinen Katalysator hat oder das geliehene Mofa fürchter-lich stinkt und knattert, stört sie im Urlaub in kei-ner Weise – out!

die Sparlampe (-n) *energy-saving lamp*

der Spülkasten (¨) *cistern*

verschwenden *to waste*

abschalten *to switch off*

genießen *to enjoy*

geliehen *(from leihen) borrowed*

stören *to disturb*

	RICHTIG	FALSCH
1 Im Toilettenkasten ist eine Sparlampe eingebaut.	☐	☐
2 Man duscht sich statt zu baden.	☐	☐
3 Im Urlaub denkt man immer an die Umwelt.	☐	☐
4 Es stört nicht, dass der Mietwagen keinen Katalysator hat.	☐	☐

4

Now read *'Deutsche Küche'* overleaf, and decide once again whether the statements below are *richtig* or *falsch*.

Pommes (frites) *chips*

das Kassler (-) *lightly smoked pork loin*

die Weißwurst (¨e) *type of Bavarian sausage made from veal*

der Schoko-Riegel (-) *chocolate bar*

die Zutaten *(pl) ingredients*

der Lkw(s) (Lastkraftwagen (-)) *lorry*

die Umwelt *environment*

„Deutsche" Küche. Im Urlaub fühlen wir uns wie zu Hause: Kein Wunder, steht doch im Hotelrestaurant „Wurst mit Sauerkraut" neben „Grillhähnchen mit Pommes" auf der Speisekarte. Nichts ist unmöglich: Kassler mit Kartoffelsalat in Palma de Mallorca und Weißwürste am Strand von Cefalù. Nachmittags zum Kaffee darf's ein Stück Original Schwarzwälder Kirschtorte sein. Und für den kleinen Hunger zwischendurch gibt's Schoko-Riegel „made in Germany" oder einen Hamburger. Die meisten Zutaten für die typisch deutsche Küche müssen jedoch eingeflogen oder von weit her per Lkw geliefert werden. Ein Schlag in den Magen und gegen die Umwelt.

	RICHTIG	FALSCH
1 In Palma de Mallorca gibt es keine Weißwürste auf den Speisekarten.	❑	❑
2 Es ist unmöglich, Original Schwarzwälder Kirschtorte zu essen.	❑	❑
3 Die meisten Zutaten kommen aus Mallorca.	❑	❑
4 Die Zutaten werden eingeflogen oder per Lkw geliefert.	❑	❑

5 Find phrases in the two articles, '*Genuß ohne Reue*' and '*Deutsche Küche*', which correspond to the following.

1 daheim

2 in den Ferien

3 ganz lang duschen

4 schrecklich riecht

5 macht viel Lärm

6 alles ist möglich

7 als Kleinimbiss

8 fast alles, was zum Kochen benötigt wird

9 müssen mit dem Flugzeug gebracht werden

6 Here is another extract from the same magazine article. This time, however, the magazine suggests what it considers environmentally friendly holiday behaviour. Read the extract '*Souvenirs*' on page 121 and answer the questions below in English.

Souvenirs. Sicher willst Du Dir eine Erinnerung an die schöne Zeit mit nach Hause nehmen, und darauf brauchst Du auch als „Öko-Reisender" nicht verzichten. Du solltest nur um die gängigen Souvenirläden mit Massenandenken made in Fernost einen großen Bogen machen und auch exotische Angebote aus Elfenbein, Teakholz oder Koralle links liegen lassen. Viel reizvoller ist es, wenn Du die malerischen

engen Gassen Deines Urlaubsortes nach den oft versteckt liegenden Läden und Werkstätten von einheimischen Handwerkern und Künstlern durchstöberst. Mit einem Andenken von dort unterstützt Du die Leute, die von Touristen wie Dir abhängig sind.

---

die Erinnerung (-en) *reminder*

verzichten auf *to deny oneself something*

das Andenken (-) *souvenir*

einen großen Bogen machen *to make a detour (to avoid something)*

etwas links liegen lassen *to leave to one side, ignore*

einheimisch *native, local*

durchstöbern = durchsuchen *to look through something*

unterstützen *to support*

abhängig sein von *to be dependent on*

I What type of souvenirs should you avoid buying when on holiday?

2 Why should you look for the locally made souvenirs?

7 Now read the extract *'Tischleindeckdich'* and answer the questions overleaf in English.

die Nase rümpfen *to turn up one's nose*

ungewohnt *unfamiliar*

riechen *to smell*

bevorzugen *to prefer*

die Selbstverpflegung *self catering*

der Metzger (-) *butcher*

das Gewürz (-e) *spice*

Tischleindeckdich. Zum Kennenlernen von Land und Leuten gehört die landestypische Küche. Also nicht die Nase rümpfen, wenn es ungewohnt riecht und die Gerichte undefinierbar aussehen. Der Öko-Tourist ißt, was im Lande angebaut wird und möglichst aus der näheren Umgebung stammt. Deshalb Augen auf und in die Kneipen und Restaurants gehen, die auch die Einheimischen bevorzugen. Dasselbe gilt auch bei Selbstverpflegung auf dem Campingplatz oder in der Jugendherberge: Der Supermarkt voll mit bekannten Marken sollte für Dich tabu sein - was Du brauchst, bekommst Du in besserer Qualität frisch vom Bauern auf dem Markt, beim kleinen Metzger oder beim Dorfbäcker. Außerdem macht es unheimlich viel Spaß, beim Kochen zu experimentieren und unbekannte Gewürze auszuprobieren.

* *'Tischleindeckdich'* is the title of a German folk tale.

1 If you want to get to know the local cuisine, what shouldn't you do?

2 Why should a supermarket be taboo?

TELLING someone to do something

Kommen Sie hierher! *Komm hierher!*

If you want to tell someone to do something, in this example, to come here, you need to use the **imperative**. The form of the imperative varies according to whether you are talking formally or informally, to one, or more than one person. Take the stem of the verb and add the appropriate endings. Taking the verb *kommen*, *kommen Sie* is the formal version and is suitable when addressing both one, or more people. *Kommt* is the informal version and is used for more than one person. *Komme* or, more usually, *komm*, is the informal way of addressing just one person.

Irregular verbs such as *sprechen*, where the vowel changes in the third person (*er, sie, es spricht*) use this form for the informal singular imperative – *sprich!*. The plural informal version and the formal version retain the original verb stem: *sprecht!* and *sprechen Sie!*. *Lesen* behaves in the same way:

lies! *(informal singular imperative)*

lest *(informal plural imperative)*

lesen Sie! *(formal imperative)*

sprechen *to speak*   **lesen** *to read*

er, sie, es spricht he, she, it speaks   **er, sie, es liest** he, she, it reads

sprich! speak **(du)**   **lies!** read **(du)**

sprecht! speak **(ihr)**   **lest!** read **(ihr)**

sprechen Sie! speak **(Sie)**   **lesen Sie!** read **(Sie)**

Read '*Souvenirs*' and '*Tischleindeckdich*' once again and fill in the gaps with the words given below.

Souvenirs

Sicher willst du dir eine Erinnerung an die schöne Zeit mit nach Hause nehmen, und darauf brauchst du auch als „ _____ " nicht verzichten. Du solltest nur um die gängigen Souvenirläden mit _____ made in Fernost einen großen Bogen machen und auch exotische Angebote aus _____ , Teakholz oder Koralle links liegen lassen. Viel reizvoller ist es, wenn du die malerischen, engen Gassen deines Urlaubortes nach den oft versteckt liegenden Läden und _____ von einheimischen Handwerkern und Künstlern durchstöberst. Mit einem Andenken von dort unterstützt du die Leute, die von _____ wie dir abhängig sind.

Tischleindeckdich

Zum Kennenlernen von Land und Leuten gehört die landestypische Küche. Also nicht die Nase rümpfen, wenn es _____ riecht und die Gerichte undefinierbar aussehen. Der _____ isst, was im Lande angebaut wird und möglichst aus der näheren Umgebung stammt. Deshalb Augen auf und in die Kneipen und Restaurants gehen, die auch die _____ bevorzugen. Dasselbe gilt auch bei Selbstverpflegung im Campingplatz oder in der _____ . Der Supermarkt voll mit bekannten Marken sollte für dich tabu sein – was du brauchst, bekommst du in besserer Qualität frisch vom _____ auf dem Markt, beim kleinen Metzger oder beim Dorfbäcker. Außerdem macht es unheimlich viel Spaß, beim Kochen zu experimentieren und _____ Gewürze auszuprobieren.

> Öko-Tourist • Massenandenken • Touristen • Einheimischen • Bauer •
> Öko-Reisender • Jugendherberge • unbekannte • Elfenbein •
> ungewohnt • Werkstätten

9 Imagine you are a well-meaning aunt giving advice in a letter to a niece who is travelling to Mallorca for the first time in her life. Use the phrases given below to fill in the gaps, putting the verbs into the imperative.

(nicht Schwarzwälder Kirschtorte) essen (oder Weißwürste)

essen (was die Einheimischen essen)

(nicht zu oft) baden (sondern lieber) duschen

(keine Andenken aus dem Fernen Osten) kaufen

(an die Umwelt) denken

(wieder gut nach Hause) kommen

(nicht die Nase) rümpfen

(von einheimischen Künstlern und Handwerkern Andenken) kaufen

Meine liebe Ute,

sicher freust du dich auf deinen Urlaub in Mallorca. Hast du schon alles gepackt? Ich kenne Mallorca gut und möchte dir folgendes sagen: _____ an die Umwelt! _____ nicht zu oft, sondern _____ lieber. Das spart Wasser. _____ nicht nur Schwarzwälder Kirschtorte oder Weißwürste. Die meisten Zutaten für die deutsche Küche müssen extra eingeflogen werden. _____ , was die Einheimischen essen. _____ nicht die Nase, wenn es ungewohnt riecht oder wenn mal etwas undefinierbar aussieht. Und noch eins: _____ nicht Andenken

aus dem Fernen Osten, die aus Teakholz oder Elfenbein sind, sondern _____

Andenken von einheimischen Künstlern oder Handwerkern.

Viel Spaß und _____ gut wieder nach Hause.

Deine Tante Anna

10 Now write your own letter of about 100 words from Mallorca, using vocabulary from *'Deutsche Küche'*, *'Souvenirs'* and *'Tischleindeckdich'*. A model letter is provided in the *Lösungen* but your version will, of course, be different.

11 Finally in *Lerneinheit 6*, here is a poem about travel by Bertolt Brecht. In the poem, Brecht considers a paradox: when we travel, we don't always long to arrive at our destination, and yet we feel frustrated if we are delayed on our way. Could the same perhaps be said for our attitude to life itself?

der Radwechsel
change of wheel

die Ungeduld
impatience

Der Radwechsel

Ich sitze am Straßenrand.

Der Fahrer wechselt das Rad.

Ich bin nicht gern, wo ich herkomme.

Ich bin nicht gern, wo ich hinfahre.

Warum sehe ich den Radwechsel

Mit Ungeduld?

WISSEN SIE DAS?

Bertolt Brecht was a dramatist whose plays became very well known in the West, despite his explicit commitment to Marxism.

Brecht was born in Augsburg (Bayern) in 1898. His family belonged to the wealthy middle class. Brecht read science and medicine at the universities of München and Berlin. He began writing poems and developed an interest in theatre. In 1933 he was driven out of Germany by the rise of Nazism. His 14-year exile included stays in Denmark, Sweden, Finland, and, from 1941–1947, the United States. His plays such as the 'Threepenny Opera' (*Die Dreigroschenoper*), 'Mother Courage and her Children' (*Mutter Courage und ihre Kinder*) and 'The Caucasian Chalk Circle' (*Der kaukasische Kreidekreis*) became particularly well known. In 1948 Brecht returned to East Berlin and founded his own theatre company, the Berliner Ensemble. He died in Berlin in 1956.

Checkliste

By the end of *Teil 2* you should be able to

○ use infinitives with *zu* and *um … zu* (*Lerneinheit 4*, Activities 3, 5 and 8)

Seiten 103–104 & 107

○ use prepositions in the context of travel (*Lerneinheit 4*, Activities 6–7)

Seiten 105–106

○ write about your holidays (*Lerneinheit 4*, Activity 9; *Lerneinheit 5*, Activity 9)

Seiten 107; 116

○ understand German holiday advertisements (*Lerneinheit 5*, Activities 1–4)

Seiten 109–112

○ use and have revised infinitives with *zu* (*Lerneinheit 5*, Activity 5)

Seite 113

○ make telephone enquiries about holiday accommodation in Germany (*Lerneinheit 5*, Activities 6–8)

Seiten 114–115

○ understand language related to environmentally friendly holiday making (*Lerneinheit 6*, Activities 3–8)

Seiten 119–122

○ use the imperative (*Lerneinheit 6*, Activity 9)

Seite 123

Deutschland Kulturland

In *Teile 1–2* you have looked at the themes of leisure and of holidays. *Teil 3* develops these themes in the context of specific places in Germany. *Lerneinheit 7*, *Stadtbesuch*, introduces you to another German town, Osnabrück. *Lerneinheit 8*, *Einmal Thomaner, immer Thomaner*, reports on Leipzig's most famous choir and Johann Sebastian Bach, a very early *Kantor* (choirmaster). *Lerneinheit 9*, *Mal was Anderes*, takes a look at the musical scene in Leipzig and Tübingen.

Lerneinheit 7 Stadtbesuch

In *Lerneinheit 7* you will focus on two cities, Osnabrück in Germany and York in Great Britain. There are two topics: *A city in Niedersachsen* and *York: the tourist attractions*.

    Lerneinheit 7 will bring together the work which you have done on the present, perfect and imperfect tenses. You will practise describing historic buildings and cities.

STUDY CHART

Topic	Activity and resource	Key points
A city in Niedersachsen	1 Text	reading an article about Osnabrück
	2–4 Text	checking you've understood the article about Osnabrück
York: the tourist attractions	5–6 Text	describing the city of York
	7 *Übungskassette*	preparing to answer questions about York
	8 *Übungskassette*	describing York to German tourists

1   This activity introduces you to the town of Osnabrück in Niedersachsen, northern Germany. You may want to look at a map to locate it. Study the article on page 127 with the help of the vocabulary. Try not to translate everything word for word, just concentrate on getting the meaning of the article. Then decide which statement in each pair on page 128 is correct.

reizvoll *delightful*

immerhin *after all*

gründen *to found*

der Geist *intellect, spirit; here: wit*

rege *busy*

die norddeutsche Tiefebene *low-lying north German plains*

die Talmulde (-n) *dip, hollow*

der Siedlungsraum (¨e) *area of human habitation*

das Bistum (¨er) *diocese*

der Wehrturm (¨e) *defensive tower*

das Erlebnis (-se) *experience*

sorgen für *here: to ensure, guarantee*

der Goldschmied (-e) *goldsmith*

Kultur seit Karl dem Großen und über 600 schöne Kneipen

Osnabrück ist eine reizvolle und überschaubare City – und voller interessanter Bauwerke: Immerhin gründete Karl der Große die heute so lebhafte Universitätsstadt schon vor über 1200 Jahren

Eine Stadt mit Universität, also mit viel Geist. Eine Bischofsstadt, die 1200 Jahre alt ist, also mit einer harmonisch gewachsene, mit viel Geschichte. Eine Stadt, die 157 000 Einwohner hat, also nicht zu provinziell, aber auch nicht ausufernd groß ist: Nach welchen Kriterien man Osnabrück auch betrachtet, man kommt immer wieder auf den Punkt, daß es sich um eine im besten Sinne gemütliche, überschaubare und doch sehr rege Stadt handelt.

Allein die Lage ist reizvoll. Im Norden der niedersächsischen Stadt weitet sich die norddeutsche Tiefebene mit fruchtbarem Bauernland, Heide und Moor, die Stadt selbst liegt in einer sanften Talmulde zwischen den Höhenrücken des Teutoburger Waldes und des Wiehengebirges. Die Gegend ist ein uralter Siedlungsraum und war früher Kreuzungspunkt wichtiger Handelsstraßen – 780 gründete deshalb Karl der Große hier eine Missionszelle, Zentrum des heutigen Bistums Osnabrück. Auf dem Grünstreifen des Innenstadtrings stehen mächtige Wehrtürme, Symbol für die Bedeutung der Stadt in früheren Zeiten.

So wird ein Rundgang durch die Stadt – es gibt auch gute geführte Stadtrundgänge (Verkehrsamt-Tel.: 05 41/3 23 22 02, Fax 05 41/3 23 42 13) – mit all den vielen alten Gebäuden zu einem schönen musealen Erlebnis. Was nicht heißt, daß die Stadt schläfrig in der Vergangenheit lebt, **ganz im Gegenteil: Zehn Prozent** der Stadtbevölkerung Osnabrücks sind Studenten und das sorgt für viel Kultur, agiles politisches Geschehen und eine fröhliche Szene mit rund 600 Kneipen, Gaststätten und Restaurants. Die große Einkaufsstraße der Stadt nennt sich einfach Große Straße, hier, in der Fußgängerzone, kann man gemütlich shoppen gehen. Mittelalterliche Gassen zweigen ab, neben Stahlbeton steht altes Fachwerk, neben dem Kaufhaus existieren noch Tante-Emma-Läden, und immer wieder viel Grün dazwischen – Osnabrück hat reizvolle Augen-Blicke. Im Heger-Tor-Viertel haben viele Goldschmiede, Keramiker und Grafiker ihre Werkstätten. Eine wahre Fundgrube für Fans von schönem und individuellem Kunsthandwerk.

1 a Osnabrück ist plötzlich sehr schnell gewachsen.

   b Osnabrück ist über die Jahrhunderte langsam aber sicher gewachsen.

2 a Osnabrück ist eine sehr große Stadt.

   b Osnabrück ist nicht besonders groß, aber es ist viel los.

3 a In der Umgebung findet man sowohl flaches, fruchtbares Land als auch hügelige Landschaft mit viel Wald.

   b Da Osnabrück in der norddeutschen Tiefebene liegt, befinden sich keine Hügel in der Nähe.

4 a Osnabrück ist sehr schön aber ein bisschen schläfrig.

   b Osnabrück ist eine geschichtsreiche und rege Stadt.

WISSEN SIE DAS?

Karl der Große, known in English as Charlemagne, lived from 742 AD to 814 AD. He was King of the Franks from 768–814 and Emperor of the Roman Empire from 800. Charlemagne's impact on the Europe of his time was immeasurable: he converted thousands to christianity, made the first step towards the unification of various tribes of people and established a system of education and tradition of culture.

2 Descriptions of picturesque medieval towns tend to use a fairly standard range of vocabulary. Activities 2–4 will help you focus on this vocabulary. You will also practise using adjectives, nouns and verbs.

Nine of these adjectives feature in the article in Activity 1 and eight do not. Identify which do appear and check that you know the meanings of all the words.

1	ausufernd groß	**7**	reizvoll	**13**	mächtig
2	ergreifend	**8**	literarisch	**14**	schläfrig
3	überschaubar	**9**	sanft	**15**	malerisch
4	reizend	**10**	beeindruckend	**16**	fröhlich
5	historisch	**11**	uralt	**17**	riesig
6	rege	**12**	lebhaft		

3 Read the article about Osnabrück in Activity 1 again. Identify and write down the German equivalent of these statements.

1 Osnabrück is a delightful and compact city – and full of interesting buildings.

2 The location is delightful.

3 The town itself lies in a gentle hollow.

4 The town was formerly a crossroads for important trading routes.

5 imposing defensive towers

6 a walk through the town

7 quite on the contrary

8 It's a real treasure-trove.

4 There are a number of useful verbs in the article on Osnabrück. The sentences below use verbs from the article and are similar to those in the article. Fill the gaps with the appropriate verb from the selection given.

1 Immerhin _____ Karl der Große die Stadt schon vor 1 200 Jahren.

2 Es _____ sich um eine gemütliche, überschaubare und doch sehr rege Stadt.

3 Auf dem Grünstreifen des Innenstadtrings _____ mächtige Wehrtürme.

4 Das _____ für viel Kultur.

5 Die große Einkaufsstraße _____ sich einfach Große Straße.

> stehen • leben • geben • suchen •
>
> denken • gründete • sorgt • handelt • nennt

5 Here you will revise both *seit* and *vor*. You will also use some of the language which you have encountered so far in *Lerneinheit 7* to describe the British city, York.

Verbs are missing from some of these sentences or are in the incorrect form. Make them into complete sentences, using the correct form and tense of the verb.

1 York/seit 306/eine wichtige Stadt

2 Die Römer/gründen/die Stadt/vor fast zweitausend Jahren

3 Ein Wehrturm/stehen/seit 1 600 Jahren

4 Viele Straßen in der Altstadt/bestehen/seit dem Mittelalter

5 Das Münster/ein Hauptwerk der gotischen Baukunst/vor siebenhundert Jahren gebaut

6 Manche Glasfenster/vor achthundert Jahren bemalt

7 Seit 30 Jahren/geben/die Studenten/der Stadt ein jugendliches Flair

6 Now describe York in more detail. Use these notes to write eight sentences in German about York. You should be able to make use of vocabulary and phrases from the article about Osnabrück.

1 100,000 inhabitants: not too provincial, not too sprawling
2 rich in history/not sleepy – thanks to many students
3 Romans arrived in 71 AD
4 delightful situation: north – Moors stretch to coast; west – Yorkshire Dales
5 built at the crossroads of important trade routes
6 worth seeing: Minster, town walls, and many lively museums
7 railway station built in 1873
8 the first students arrived in 1963

 7 Imagine that you are working as a tourist guide in York. You have to cope with a lot of questions about the town from German visitors. First listen to a radio advertisement about York in *Hörabschnitt 8* on the *Übungskassette* and look at the information given below about the town. Then prepare for the interview in Activity 8 by answering these questions.

1 Wo liegt York?
2 Warum ist das Münster besonders berühmt?
3 Was gibt es im Nationalen Eisenbahnmuseum zu sehen?
4 Wo kann man gut spazierengehen?
5 Wofür ist York berühmt?

Stonegate: York's medieval shopping street

Fairfax House: 18th century house with delightful furniture

many old and charming streets

Clifford's Tower: York's castle offers fine views of the Minster

The King's Arms: riverside pub

Betty's: York's most popular café, famous for Swiss and Yorkshire specialities

Minster: Gothic masterpiece, largest Gothic cathedral in Britain, fine views from the top of the main tower

town walls with four city gates

8

Now turn to *Hörabschnitt 9* on the *Übungskassette*. Here you play the part of Jenny Feelgood, a tourist guide, who is taking a party of German tourists around York and answering their questions. You may want to prepare some of your responses in advance.

- My name is Jenny Feelgood. I'm your guide. I'll take you around York.
- The tour will take about one hour. Please ask questions, if you want to know something.
- You should see the cathedral (minster) first of all.
- It's the biggest gothic cathedral north of the Alps. It's about 700 years old.
- The Romans founded York almost 2,000 years ago. The watchtower is about 1,600 years old.
- Many of the streets have been here since the middle ages.
- And you must see the Railway Museum. It has Europe's largest collection of locomotives.
- The museum is particularly famous in Britain.
- That's no problem. There are lots of small cafés and pubs in York.
- York is famous for its hospitality. Later, I'll show you the shops, and tonight some cosy English pubs.

Lerneinheit 8 Einmal Thomaner, immer Thomaner

In *Lerneinheit 8*, you will focus on one of Leipzig's most famous cultural institutions, the Thomanerchor. The choir was founded in Leipzig in 1212 and from 1723–1750 Johann Sebastian Bach was its choirmaster.

There are two topics: *Everyday life in the Thomanerchor* and *New boy in the choir*. By the end of *Lerneinheit 8*, you will have practised using the imperfect tense and have learned a lot about the Thomanerchor and its choristers.

	Topic	Activity and resource	Key points
STUDY CHART	Everyday life in the Thomanerchor	1–2 *Hörbericht*	checking you've understood the feature on the Thomanerchor
		3 *Hörbericht*	picking out superlatives from the *Hörbericht*
		4 Text	practising the superlative
		5 Text	practising using superlatives as nouns
	New boy in the choir	6 Text	reading about a Thomaner, Benjamin
		7 Text	checking you've understood the article about Benjamin
		8 Text	practising the imperfect
		9 Text	writing about the Thomanerchor

Hörbericht 4

Listen to *Hörbericht 4, Einmal Thomaner, immer Thomaner*. Read the points below and check whether they are listed in the same order as you hear about them on the *Hörbericht*. Reorder them as necessary.

der Kantor (-en) *choirmaster*	**das Heimweh** *home sickness*	**Dampf ablassen** *to let off steam*
die Amtszeit (-en) *period in office*	**sich unterhalten** *to talk together*	
umfassen *to comprise, consist of*	**das Rotkraut** *red cabbage*	

    a der Tagesablauf eines jungen Thomanerjungen

    b Auskunft über Johann Sebastian Bach

    c die Chor-Reisen

    d das Heimweh von manchen Thomanern

e die Beschreibung von einer typischen Probe

f Auskunft über das Leben im „Alumnat"

g das Mittagessen

Hörbericht 4

2 Listen to *Hörbericht 4* again and decide if the statements below are *richtig* or *falsch*. Write out the correct versions in German of those which are *falsch*.

	RICHTIG	FALSCH
1 Der Thomanerchor ist die älteste kulturelle Institution der Stadt Leipzig.	❏	❏
2 Im Thomanerchor hatte Johann Sebastian Bach wenige gute Sänger.	❏	❏
3 Das Alumnat ist der Name der Thomasschule.	❏	❏
4 Wenn die Jungen ein bisschen Heimweh haben, redet die Krankenschwester ein bisschen mit ihnen, und es geht dann meistens besser.	❏	❏
5 Die Thomanerjungen stehen um 6.45 Uhr auf.	❏	❏
6 Zu Mittag essen die Thomaner gern Hamburger mit Pommes frites.	❏	❏
7 Schulstunden in der Thomasschule gibt es morgens und dann noch einmal nachmittags.	❏	❏
8 Nach dem Mittagessen gehen die Chorjungen erst einmal ins Bett.	❏	❏
9 So sehen die Proben aus: Zuerst das Aufwärmen, dann die Tonleiter und Arpeggios, und schließlich das Singen selbst.	❏	❏
10 Die nächste große Reise für den Chor wird nach Japan sein.	❏	❏

Hörbericht 4

3 Here are some short extracts from *Hörbericht 4*. The adjectives have, however, been omitted. Listen to the *Hörbericht* again and fill in the gaps with the adjectives you hear, which are also given below.

> Schlimmste • liebsten • Schönste • berühmtester • Wichtigste • älteste

1 Man muss wissen, dass der Thomanerchor die erste kulturelle Institution und damit die

_____ der Stadt Leipzig ist.

2 Sein _____ Kantor oder Leiter war Johann Sebastian Bach.

3 Also, ich denke, die Freunde, die man hier hat, und einfach die Musik, das

_____ , einfach, das Singen im Chor.

4 Also, das _____ ist, wenn man zum Beispiel Theorie hat.

5 Und das _____ ? Eigentlich gibt's nichts Schlimmes.

USING the superlative

All the adjectives you used in Activity 3 were superlatives, for example:

Sein berühmtester Kantor war Johann Sebastian Bach.

The adjective used here is _berühmt_ (famous) but it is used in the superlative form (**most** famous). To form the superlative you insert -_est_, or -_st_ between the adjective and its ending.

Comparatives and superlatives are formed in a similar way to English. Here are some more examples:

das berühmt-e Gebäude _the famous building_
das berühmt-er-e Gebäude _the more famous building_
das berühmt-est-e Gebäude _the most famous building_

die schön-e Theorie
die schön-er-e Theorie
die schön-st-e Theorie

Note that an umlaut is usually added to adjectives with 'a' 'o' or 'u' in the comparative and superlative – _groß, größte; alt, älteste._

---

4 Complete these sentences putting the bracketed adjectives into the superlative form, using the correct adjectival ending.

1 Die (_jung_) _____ Buben im Thomanerchor sind neun Jahre alt.

2 Die Thomasschule ist die (_alt_) _____ Schule der Stadt Leipzig. Im Jahre 1254 wird sie zum ersten Mal erwähnt.

3 Für die Proben ist die (_groß_) _____ Konzentration notwendig.

4 Der (_bedeutend_) _____ Kantor des Thomanerchors war Johann Sebastian Bach.

5 Das (_beliebt_) _____ Mittagessen im Alumnat besteht aus Schnitzel mit Rotkraut und Erbsen.

USING superlative adjectives as nouns

Like other adjectives, superlative adjectives can be used as nouns. They need a capital letter and, as they are neuter, take the articles *das* or *ein*. There is no need to use the word 'thing' as in English. There were good examples of superlative adjectives used as nouns in the *Hörbericht* passage about the Thomanerchor:

Das Wichtigste ist das Singen im Chor.
The most important thing is singing in the choir.
Also, das Schönste ist, wenn man zum Beispiel Theorie hat.
Well, the best thing is, for example, having theory lessons.

Hörbericht 4

Complete the following sentences by making the bracketed adjectives into nouns, as in the example above. You may first want to listen to *Hörbericht 4* again.

1 Das _____ (*schön*) für die Thomanerbuben ist, jährlich die großen

   Passionen und das Weihnachtsoratorium von Johann Sebastian Bach gemeinsam mit

   dem Gewandhaus-Orchester aufzuführen.

2 Das _____ (*schwierig*) für die jungen Thomaner ist, weg von den Eltern

   leben zu müssen.

3 Das _____ (*interessant*) für die Thomaner ist, auf Konzertreisen ins Ausland

   zu gehen.

4 Das _____ (*schlimm*) ist, wenn man zu spät zur Probe erscheint.

6 The article overleaf is about nine-year-old Benjamin, who has been singing with the Thomaner choir for a week. It is taken from the official guide to the Thomanerchor. Benjamin is about to sing in his first concert. Read the article, then answer the questions in German.

---

die Motette (-n) *motet (choral work for several voices, usually religious)*

der Vordermann (¨er) *the person in front*

die Aufführung (-en) *performance*

erworben *(from* erwerben*) gained*

die Ehre (-n) *honour*

die Enttäuschung (-en) *disappointment*

die Kieler Bluse *sailor suit (worn by younger singers of the Thomanerchor)*

der Domesticus *student in charge of the younger ones*

von jeher *since time immemorial*

parat *ready*

den letzten Schliff geben *to put the final touches to*

THOMASKIRCHE

14.30 Uhr – die Motettenprobe in der Thomaskirche beginnt. Benjamin kennt genau den Platz, an dem er zu stehen hat – zweite Reihe, Mitte. Sein Vordermann überragt ihn um einiges. Aber die Eltern werden ihn nachher bei der Motette schon entdecken.

Nach der a cappella-Probe des Chores kommen das Gewandhaus-Orchester und die Solisten. Gemeinsam wird nun die Kantate geprobt, die am Sonnabend zusätzlich zum Motettenprogramm zur Aufführung kommt. Bei der Kantate gibt es eine besonders komplizierte Fuge, der Kantor bittet die „Neuen", diese noch nicht mitzusingen. Das gibt der gerade erst erworbenen Thomaner-Ehre einen kleinen Knacks – die Enttäuschung verfliegt aber sofort wieder. Denn der Kantor hat ja recht – nichts darf die Perfektion des Chorklanges stören.

Nach der Probe geht es zurück ins Alumnat zum Umziehen. Nun ist es soweit. Das erste Mal schlüpft Benjamin in seine Kieler Bluse. Stolz betrachten sich die „Neuen" gegenseitig. Damit nachher zum Konzert auch alles seine Ordnung hat, die Anzüge sauber, die Haare frisch gekämmt sind und nicht aus Versehen weiße Socken unter der dunklen Hose hervorblitzen, müssen sich die Thomaner von Klasse 4 bis 9 beim Domesticus „vorstellen". Das ist von jeher Brauch. Er kontrolliert, ob jeder Kamm und Taschentuch parat hat, gibt mit ein paar Bürstenstrichen der Bluse den letzten Schliff, und ein freundlicher Klaps auf den Hintern signalisiert, dass man nun „konzertfein" ist und losgehen darf.

Als Benjamin an diesem Tage zum zweiten Mal die Thomaskirche betritt, haben sich die ersten Motettenbesucher bereits eingefunden. Stolz begrüßt der kleine Thomaner seine Eltern, die auf der eigens für Thomanerangehörige reservierten Chorempore Platz genommen haben. Nein – Heimweh hat er kein bisschen.

MOTETTE

1 Wo steht Benjamin bei der Probe der Motette?

2 Wer kommt auch noch zur Kantate-Probe?

3 Warum darf Benjamin bei der Fuge in der Kantate nicht singen?

4 Was macht der Domesticus vor dem Konzert?

5 Wer sitzt schon in der Kirche, wenn Benjamin zum zweiten Mal an diesem Tag hereinkommt?

6 Was macht Benjamin in der Kirche noch vor dem Konzert?

7 These sentences paraphrase some of the expressions in the article about the Thomanerchor. Reread the article and note down the expressions which match the statements below.

   1 Der Junge vor ihm ist größer als er.
   2 Wir proben die Kantate zusammen.
   3 Nach der Probe gehen wir ins Alumnat, wo wir uns umziehen.
   4 Zum ersten Mal zieht er seine Kieler Bluse an.
   5 Das ist die Tradition.
   6 Die ersten Motettenbesucher sind schon hereingekommen.

8 Benjamin describes the day of his first concert in the Thomaskirche. Read the article again and fill in the gaps, putting the bracketed verbs into the imperfect tense.

14.30 Uhr: Die Motettenprobe in der Thomaskirche _____ (*beginnen*). Ich

_____ (*kennen*) genau den Platz, an dem ich zu stehen _____

(*haben*). Mein Vordermann _____ (*überragen*) mich um einiges, aber das

_____ (*machen*) nichts aus.

   Nach der a cappella-Probe _____ (*kommen*) das Gewandhaus-Orchester und

die Solisten. Gemeinsam _____ (*werden*) nun die Kantate geprobt. Bei der

Kantate _____ (*geben*) es eine besonders komplizierte Fuge, und deswegen

_____ (*dürfen*) ich sie noch nicht singen.

   Nach der Probe _____ (*gehen*) es zurück ins Alumnat zum Umziehen. Nun

_____ (*sein*) es soweit. Als ich an diesem Tag zum zweiten Mal in die Kirche

_____ (*treten*), _____ (*begrüßen*) ich meine Eltern. Dann

_____ (*anfangen*) das Konzert _____ .

9 Finally, to bring your work in *Lerneinheit 8* together, imagine that you are a visitor in Leipzig, and that you are spending Friday – the day on which the choir performs the famous *Motette* – with the choristers of the Thomanerchor. Write a description of about 100 words of how the boys spend the day. An outline programme is given below. You will remember describing busy daily routines in *Thema 3*. Use adverbs of time like *zuerst, dann, nachdem, nach*, etc.

5.45 Aufstehen, waschen, anziehen	13.45 Mittagessen
6.00 Frühstück	14.30 Motettenprobe in der Thomaskirche
7.30 Schulanfang	17.00 Aufführung der Motette in der Thomaskirche
9.15 Pause	

Lerneinheit 9 **Mal was Anderes**

In *Lerneinheit 9*, the focus will be on a broad cross-section of entertainment in Leipzig and Tübingen. You will begin with work on the video, carrying on to text and audio-based activities. There are three topics in *Lerneinheit 9*. In the first topic, *Girls' band*, you will hear what Lucy Baumeister does in her spare time. The second topic is *Come to the cabaret* and the third topic, *Enjoying music in Leipzig*.

By the end of *Lerneinheit 9*, you will have heard more about the musical scene in Leipzig, and will also have revised some adjectival endings and the perfect tense.

Topic	**Activity and resource**	**Key points**
Girls' band	1 **Video**	watching a video about a girls' band in Tübingen
	2 **Text**	revising the imperative, the conditional and comparatives
Come to the cabaret	3 **Video**	watching a video about cabaret in Leipzig
	4–5 **Video**	checking you've understood the video
Enjoying music in Leipzig	6 **Text**	practising asking for information
	7 **Text**	writing a letter about cultural events in Leipzig
	8 *Übungskassette*	talking about musical events in Leipzig

STUDY CHART

17:55–19:35

Lucy ist das älteste Kind der Familie Baumeister. Sie spielt gern Klavier und Gitarre und geht oft schwimmen. Lucy hat Brieffreundinnen in Frankreich, Belgien und Holland.

> **die Veranstaltung (-en)** *event*
>
> **die Probe (-n)** *rehearsal*

Lucy Baumeister, the daughter of Hans-Peter and Renate, of Tübingen, is keen on music. She and her friend Friederike Kämpfe play in their own band, a *Mädchenband*. Watch the video, then answer the questions on page 139.

1 Where does the rehearsal take place?

2 What kind of music do they play?

3 What do they do every fortnight?

2 Imagine you are a neighbour who is unhappy about the noise the band makes. This activity requires you to use the imperative and the conditional tense as well as comparatives. Refer back to *Lerneinheit 6* for the imperative and *Lerneinheit 2* for the conditional tense, if you want to remind yourself of either. In each case you are instructed what to tell the girls, and relevant verbs are given.

1 Tell the girls to be quiet. (*ruhig sein*)

2 Tell the girls to tidy up. (*aufräumen*)

3 Tell Lucy to do her homework. (*die Hausaufgaben machen*)

4 Tell Friederike not to smoke. (*rauchen*)

5 Tell Lucy not to come on Saturday. (*nicht am Samstag kommen*)

6 Tell Lucy that if she had more homework, she would learn more. (*mehr Hausaufgaben machen, mehr lernen*)

7 Tell Friederike that if she could sing better, she would be more successful. (*besser singen, erfolgreicher sein*)

8 Tell Lucy that if she were quieter, she could practise here. (*ruhiger sein, hier üben*)

LERNTIP

Für's Notizbuch

Look at the verb *binden*. This forms part of many other words, some of which even have different meanings, according to their gender.

binden (band, hat gebunden) *to tie together, bond*

der Band (¨e) *volume, book*

das Band (¨er) *ribbon; conveyor belt, assembly line*

die Band (-s) *musical band, group*

der Verband (¨e) *bandage; union of countries*

das Bund (-e) *bundle, bunch*

der Bund (¨e) *union, alliance (states); bond (marriage)*

das Bündnis (-se) *alliance*

die Bundesrepublik *Federal Republic (of Germany)*

19:43–23:50

Katrin Hart ist Schauspielerin und Star des Kabaretts „academixer" in Leipzig. Sie ist in Rostock an der Ostsee geboren, aber in Berlin aufgewachsen. Sie ist mit einem Schauspieler verheiratet und hat zwei Kinder.

---

die
  **Unterhaltung
  (-en)**
  entertainment

die
  **Auseinander-
  setzung (-en)**
  debate, argument

die **Verhaltens-
  weise (-n)** *way
  of behaviour*

die
  **Beschreibung
  (-en)**
  description

der **Zustand
  (¨e)** *state,
  condition*

die **Gesellschaft**
  society

die **Werbung
  (-en)** *advertising*

beliebt *popular*

aktuell *current,
  topical*

Now let's look at Leipzig's cultural scene. The 'academixer' are one of Leipzig's most famous satirical cabaret groups. Part of one of their shows is shown on the video. Many Germans go to watch cabaret, a form of political, satirical review which has a long standing tradition in Germany. Before the *Wende* this type of cabaret went through a difficult time in the DDR. Nevertheless, the Leipziger 'academixer' managed to stage 27 shows between 1961 and the *Wende* in 1989. Now it's the turn of the *Wessis* (west Germans) and west German materialism to be satirised.

First, watch the whole section of the video, then check to see whether you understand the gist of it by answering the questions below in English. You might find some of the language used in the video rather complex. Furthermore, the actors in the actual cabaret scenes speak in local dialect, so just try to understand the general drift of it.

1 Where does this kind of entertainment come from?

2 How long has it been an art form in Germany?

3 What is the show called?

4 What is tonight's show about?

5 What could you do after the show?

6 What is specifically said about the west Germans?

21:07–21:31

---

die **Kartenvor-
  bestellung**
  *advance booking
  of tickets*

verwöhnen *to
  pamper, spoil*

Now watch the video again, this time the sequence 21:07-21:31, which has been subtitled. Decide whether the statemtents on page 141 were said or not – are they *richtig* or *falsch*? Put a cross in the appropriate box.

	RICHTIG	FALSCH
1 Kartenvorbestellungen sind bei uns nur mittags telefonisch möglich.	❑	❑
2 Kartenvorverkauf von 10 bis 18.30 Uhr, nicht an der Abendkasse.	❑	❑
3 Sind Sie Mitglied im „academixer" Club Leipzig e.V.?	❑	❑
4 Information bei uns nach der Vorstellung, aber nur unter Leipzig 200849.	❑	❑
5 Unsere Gaststätte verwöhnt Sie auch nach der Vorstellung weiter, aber nur mit Getränken.	❑	❑
6 Wir wünschen Ihnen einen schönen Abend!	❑	❑

5 Try to answer these questions without watching the video or looking at the transcript booklet.

1 What is the name of the Leipziger cabaret?

2 What is the title of the show?

3 From which verb is the noun *Unterhaltung* formed?

4 Which expression is used in the show to describe west Germans?

5 Which noun is formed from the verb *werben* (to advertise)?

6 What is the difference between *Kartenvorbestellung* and *Kartenvorverkauf*?

LERNTIP

Für's Notizbuch

Der Thomanerchor in Leipzig singt fast ausschließlich geistliche (= Kirchen) Musik. Es gibt aber viele Sorten Musik:

- Barockmusik
- romantische Musik
- klassische Musik
- Jazzmusik
- Volksmusik (oft: Deutsche Volksmusik aus dem 19. Jahrhundert)
- Folkmusik (auch aus Irland, aus Australien, aus der Türkei, usw.)

- Popmusik
- Rockmusik
- Heavy Metal
- moderne Musik
- Filmmusik
- elektronische Musik
- Techno

Do you know any others? Make a note of them in your Notizbuch.

6

Now imagine that you are visiting Leipzig and have arrived at the tourist information office. There is a list of places which you would like to visit on page 143. Write out sentences which will enable you to ask for information about them. Construct the sentences like this:

Ich habe vor, in ... gehen. *I intend to go to ...*

Each sentence should use *in* + accusative, so check that you know the genders of the nouns. Take care with *Neues Gewandhaus* – you will need to choose the correct ending for *Neues*!

a Oper (Nummer 2)

b Musikinstrumenten-Museum (Nummer 4)

c Mendelssohn-Haus (Nummer 5)

d Neues Gewandhaus (Nummer 7)

e Thomaskirche (Nummer 9)

f Bach-Museum (Nummer 12)

g Schiller-Haus (Nummer 17)

 You must be having a good time in Leipzig, because you are now asked to imagine that you have been to the concerts and events listed below. Write a letter of about 100 words to your German friends, Uta and Walter, telling them what you have seen and heard and where it all took place. Use the perfect tense.

Leipzig: volles Programm

Mittwoch	Jazzkonzert (Sportstadion): toll
Donnerstag	Oper; Aufführung – „Zauberflöte": immer gut
Freitagabend	Thomanerchor (Thomaskirche): Motette von Bach
Samstag Nachmittag	(in der Grimmaischen Straße): drei Mädchen, Geige, Cello und Querflöte. Werke von Mendelssohn-Bartholdy
Sonntagabend	Kabarett: „academixer" (Kellertheater); toll

 Hörabschnitt 10 on the *Übungskassette* will give you an opportunity to talk about all the things you have been doing in Leipzig. You are meeting a German colleague for lunch in Auerbachs Keller. The conversation turns to the highlights of the past week. The questions and English prompts are given here so that you can prepare your answers, if you wish. Listen to the *Hörabschnitt* and reply in the pauses provided after each English prompt.

Kollegin	Na, wie gefällt es Ihnen denn hier so bei uns in Leipzig? Haben Sie schon viel gesehen?
Sie	*(Leipzig is very impressive, and I've had a very full programme.)*
Kollegin	Haben Sie irgendetwas Besonderes gemacht? Ich weiß, Sie sind doch Musikliebhaber!

Sie	*(I've heard a lot of music. On Wednesday, for example, there was a jazz concert in the Sport Stadium. It was great.)*
Kollegin	Und am Donnerstag? War das mal ein Ruhetag? Das Wetter war so schön zum spazieren gehen.
Sie	*(I went for a walk in the afternoon … and then I went to the opera, to see 'The Magic Flute' – my favourite opera. It was wonderful, really wonderful!)*
Kollegin	Und am Freitag? Gab es da auch etwas Musikalisches? Leipzig bietet ja sehr viel.
Sie	*(Friday evening, I went to the Thomaskirche with a friend. We were at university together in Manchester.)*
Kollegin	Und was haben Sie da gehört?
Sie	*(I heard the famous Thomaner. I've read a lot about them, but it was nice to see them.)*
Kollegin	Naja, heute Abend hier im Auerbachs Keller gibt es keine Musik. Schade eigentlich.
Sie	*(But I happened to hear music in the Grimmaische Straße – three girls with electric guitars, very noisy … and I intend to see the 'academixer' tomorrow.)*
Kollegin	Na, dann viel Spaß. Ich will mich morgen erst einmal entspannen und nichts tun. Prost!
Sie	*(Cheers!)*

Checkliste

By the end of *Teil 3* you should

○ be able to describe tourist attractions (*Lerneinheit 7*, Activities 2–3, 6–8)

Seiten 128 & 130–131

○ have revised the use of *seit* and *vor* (*Lerneinheit 7*, Activity 5)

Seite 129

○ be able to use the superlative (*Lerneinheit 8*, Activities 3–4)

Seiten 133–134

○ be able to use superlative adjectives as nouns (*Lerneinheit 8*, Activity 5)

Seite 135

○ have practised the imperfect tense (*Lerneinheit 8*, Activity 8)

Seite 137

○ have revised the imperative and conditional with comparatives (*Lerneinheit 9*, Activity 2)

Seite 139

○ be able to ask for information about how to get to places using *in* + accusative (*Lerneinheit 9*, Activity 6)

Seite 142

Teil 4

Wiederholung

Teil 4 will revisit some of the themes and topics you have already come across in *Thema 4. Lerneinheit 10, Zeitgefühl,* covers the language needed for describing interests and hobbies, and provides some information about the composer Johann Sebastian Bach, who left his mark on Leipzig.

Lerneinheit 11, Reiseland Deutschland, gives you some more information about holidays in Germany, and looks at more adventurous types of holidays.

Lerneinheit 10 Zeitgefühl

There are three topics in *Lerneinheit 10*. The first topic is *Hobbys*, where you will revise some of the language worked on earlier in *Thema 4*. In the second topic, *About time*, you will revise *seit* and *seitdem*. The third topic is *Bach and Leipzig*.

STUDY CHART

Topic	Activity and resource	Key points
Hobbys	**1** ***Übungskassette***	identifying people's hobbies
	2 Text	completing sentences about hobbies
About time	**3 Text**	revising *seit* and *seitdem*
	4 Text	translating expressions to do with time
	5 Text	revising the use of the infinitive
	6 Text	revising saying dates in German
Bach and Leipzig	**7 Text**	reading about Johann Sebastian Bach

1

In *Teil 1* you listened to some people talking about their leisure activities. Turn to *Hörabschnitt 11* on the *Übungskassette* and listen to three more accounts of people's leisure activities. Check what the speakers say they do in their spare time, then complete the sentences below in German.

Frau Wazslawek

1 Sie ist ________ ________ ________ ________.

2 Sie macht ________ ________.

3 Sie spielt _____ .

4 Sie _____ oder _____ _____ , schaut

_____ _____ an, geht _____ _____ .

Herr Mayerhofer

5 Er _____ als Hobby _____ .

6 Er hat das früher _____ _____ _____

_____ .

7 Er hat die ganze _____ _____ .

8 Er kocht _____ _____ _____ Küche.

9 Er hat _____ _____ _____ gebacken.

Frau Heilig

10 Sie _____ gern _____ _____ etwas zusammen.

11 Sie macht _____ und _____ Sachen.

12 Sie _____ mit Naturmaterialien.

2 Imagine you are overhearing a rather gossipy conversation about the three people you have just listened to in *Hörabschnitt 11*. Unfortunately, you cannot hear everything that is said. You are missing some words, which you should replace in the gaps below. Pay attention to the appropriate endings. Check the *Lösungen* afterwards in case words are used which you haven't come across before.

Stellen Sie sich _____ , die Frau Wazslawek _____ wirklich zu viel

_____ . Sie hat jeden _____ frei und in _____ Wohnung

gibt es nicht _____ zu tun. Sie _____ oft mit Freundinnen

_____ gar mit Herrn Baumann spazieren. Die kann _____ oft im

Wald _____ sehen. Herr _____ kocht ja sehr _____ .

Seitdem er Rentner _____ , kocht er fast _____ ganzen Tag. Sogar

_____ Weihnachtsgebäck hat er _____ . Aus diesem Grund

_____ er fast nur _____ Lebensmittelgeschäften zu sehen

_____ aber freitags auf _____ Markt. Na, und _____ Frau

Heilig, die _____ sich um nichts! _____ lässt einfach im

_____ alles liegen, nur _____ sie mit Naturmaterialien

_____ kann. Ich bitte _____ , was soll das _____ ?

Naturmaterialien? Ihr Garten _____ unmöglich aus! Das _____ doch

auch Natur. _____ ich mich interessiere? _____ für alles!

3 Translate the following sentences into German using *seit* or *seitdem*. Both can be quite tricky.

1 I have been a pensioner for three weeks.
2 My friend has been in Tübingen for three years.
3 Since I've come back from London, I enjoy drinking tea.
4 Since I've been learning German, I have spoken German every day.

4 Below you will find some useful expressions and aphorisms which include the word *Zeit*. Make a note of these in your *Notizbuch* and write down the English equivalents.

umbringen (sep) *to kill*

der Bühnen-schriftsteller (-) *playwright*

der Verleger (-) *publisher*

1 Da geht sehr viel Zeit drauf.
2 Da bleibt nicht viel Zeit übrig.
3 Ich habe viel Zeit für meine Freundin.
4 Das nimmt viel Zeit in Anspruch.
5 Man muss sich Zeit lassen.
6 Die Zeit ist eine große Lehrerin. Schade nur, dass sie ihre Schüler umbringt. (Curt Goetz, Bühnenschriftsteller und Schauspieler, 1888–1960)
7 Zeit haben, heißt wissen, wofür man Zeit haben will und wofür nicht. (Emil Oesch, schweizerischer Verleger, 1894–1974)

5 Now look at some sentences which require the infinitive, usually with *zu*. Fill in the gaps using the bracketed verbs.

1 Ich hoffe doch Zeit _____ _____ , _____ ein bisschen

_____ _____ . (*haben, reisen*).

2 Ich habe vor, um die Welt _____ _____ . (*reisen*)

3 Ich wollte mit Naturmaterialien _____ , _____ _____

_____ _____ . (*arbeiten, sich entspannen*)

4 _____ in die Tschechische Republik _____ _____ ,

muss ich Geld _____ . (*fahren, wechseln*)

5 Wir haben vor, unser Haus _____ _____ . (renovieren)

6 Ich kann nicht nach Hagelloch _____ , weil ich keine Zeit _____ .

(fahren, haben)

6 While you are thinking about time, try writing out a few dates and saying them aloud, just for fun!

1066	1866	1918	1996
1789	1871	1945	

7 You know that Johann Sebastian Bach played an important part in the history of the Thomanerchor and Leipzig. This short life history provides more information about the composer. Read the text, then fill in the relevant information in English in the table below.

Johann Sebastian Bach wurde im Jahre 1685 in Eisenach geboren. Er stammte aus einer Musikerfamilie. Zahlreiche Mitglieder der Bach-Familie waren im 17. und 18. Jahrhundert in vielen Städten als Organisten und Stadtmusiker tätig. So war Bachs Vater Ambrosius Hof- und Stadtmusiker in Eisenach. Frühzeitig verwaist, erhielt Bach seine musikalische Ausbildung von seinem Bruder Johann Christoph. Schon 1703 wurde Bach Geiger an der Hofkapelle in Weimar und noch im gleichen Jahr Organist und Kantor in Arnstadt. 1723 übernahm Bach den wichtigen Posten des Thomaskantors in Leipzig, eine Stelle, die er bis Ende seines Lebens 1750 inne hatte. Bach aber hatte Schwierigkeiten mit dem Thomanerchor. Er beschwerte sich, dass von 54 Thomanern nur 17 singen konnten. Viele wichtige Werke Bachs sind in Leipzig entstanden, darunter die großen „Passionen" und das „Weihnachtsoratorium".

Bach war zweimal verheiratet. Aus diesen beiden Ehen gingen elf Söhne und neun Töchter hervor, aber nur fünf Söhne, darunter vier bedeutende Musiker, und vier Töchter, überlebten den Vater.

der Hofmusiker (-) court musician

verwaist orphaned

innehaben to hold

die Schwierigkeit (-en) difficulty

sich beschweren to complain

sind entstanden (from entstehen) came into being

darunter among (them)

die Passion Passion (musical work)

hervorgehen here: to come from

überleben to survive

Date	What happened?	Number	What was the significance?
1685		17	
17. und 18. Jahrhundert		zweimal	
1703		elf	
1723		neun	
1750			

Lerneinheit 11 **Reiseland Deutschland**

Lerneinheit 11 contains three topics which will enable you to read general information about the physical geography of Germany and its language, and to revise various grammatical constructions. The topics are *Germany and the German language*, *Unusual holiday destinations* and *Manfred Hausin's holiday problems*.

STUDY CHART

Topic	Activity and resource	Key points
Germany and the German language	1 **Text**	Reading about German geography and language
Unusual holidays destinations	2 ***Übungskassette***	listening to radio adverts for unusual holidays
	3 ***Übungskassette***	checking you've understood the adverts
	4–5 **Text**	revising the conditional
Manfred Hausin's holiday problems	6 ***Übungskassette***	listening to a poem about not going on holiday

Read this article about the Bundesrepublik Deutschland and decide whether the statements which follow are *richtig* or *falsch*.

Die Landschaften Deutschlands sind außerordentlich vielfältig und reizvoll. Niedrige und hohe Gebirgszüge wechseln mit Hohenflächen, Hügel-, Berg- und Seenlandschaften sowie weiten, offenen Ebenen.

Im Norden prägen seenreiche, hügelige Heide- und Moorlandschaften das Bild. Im Norden reichen die Marschen der Nordseeküste bis zum Geestrand. Charakteristisch für die Ostseeküste sind die Förden sowie die sandige Flachküste und die felsige Steilküste. Die Mittelgebirgschwelle trennt den Norden Deutschlands vom Süden. Zum Mittelgebirge gehören die Rheinischen Schiefergebirge und das Hessische Bergland sowie östlich gelegen der Harz, der Bayrische Wald, das Fichtelgebirge und das Erzgebirge. Zum Süddeutschen Mittelgebirgstufenland gehört u.a. auch der Schwarzwald, während der deutsche Teil der Alpen zwischen dem Bodensee und Berchtesgaden nur einen schmalen Teil dieses Gebirges umfasst.

Die deutsche Sprache gehört zur Großgruppe der indogermanischen Sprachen, innerhalb dieser zu den germanischen Sprachen, und ist mit der dänischen, der norwegischen und der schwedischen Sprache, mit dem Niederländischen und Flämischen, aber auch mit dem Englischen verwandt. Die überregionale deutsche Sprache ist verhältnismäßig jung. Sie entwickelte sich erst im 16. Jahrhundert unter dem Einfluss von Martin Luther.

das Gebirge (-) _mountain range_	

das Gebirge (-)
mountain range

der See (-n)
lake

die Ebene (-n)
plateau/plain

die Geest _coastal sandy moorlands in north-west Germany_

der Rand (¨er)
edge

felsig _rocky_

u.a. (=unter anderem/n)
among other things

die Mundart (-en) _dialect_

die Aussprache
pronunciation

die deutsche Teilung _the German division i.e. into the Federal Republic and the German Democratic Republic_

unterschiedlich
different

sich entwickeln
to develop

der Wortschatz
vocabulary (literally: word treasury)

Deutschland ist reich an Mundarten. An Dialekt und Aussprache kann man bei den meisten Deutschen erkennen, aus welcher Gegend sie stammen. Wenn beispielsweise ein Friese oder ein Mecklenburger und ein Bayer sich in ihrer reinen Mundart unterhielten, hätten sie große Schwierigkeiten, einander zu verstehen. Während der deutschen Teilung hatte sich in beiden deutschen Staaten ein unterschiedlicher Wortschatz und Sprachgebrauch entwickelt, obwohl der Grundwortschatz und die Grammatik gleich blieben.

Die deutsche Sprache wird zudem in anderen Ländern gesprochen, so z.B. von einer Viertelmillion Italiener in Süd-Tirol, und ungefähr 100 000 Einwohnern in Belgien. Dazu kommen fast eine Millionen Elsässer, die einen deutschen Dialekt sprechen. Zudem rechnet man noch mit einer deutschsprechenden Bevölkerung von fast 2,5 Millionen Menschen in den Ländern Osteuropas.

	RICHTIG	FALSCH
1 The landscape of Germany is mainly mountainous.	❏	❏
2 The landscape is very varied in the south but not in the north.	❏	❏
3 The landscape includes lakes, hills and mountains.	❏	❏
4 In the south there are moorlands and mountains.	❏	❏
5 The Baltic coast consists of flat, sandy beaches and rocky cliffs.	❏	❏
6 The Mittelgebirge separates east from west.	❏	❏
7 The Schwarzwald is part of the Alpenvorland.	❏	❏
8 Only a small part of the Alps belongs to Germany.	❏	❏
9 All German dialects stem from Danish.	❏	❏
10 German dialects are almost extinct.	❏	❏
11 A Mecklenburger and a Bavarian speak similar dialects.	❏	❏
12 The east German language changed completely during the years of separation.	❏	❏
13 The German language is spoken only in Germany.	❏	❏
14 One hundred thousand Belgians speak German.	❏	❏
15 Two million people living in eastern Europe speak German.	❏	❏
16 A quarter of a million Italians living in the Tyrol speak German.	❏	❏

 2

Not everybody wants to spend their holiday on a German farm. Some people seek more exciting adventures. The next three activities are based on snippets taken from a German radio programme with advertisements for unusual sorts of holidays.

Listen to the three advertisements in _Hörabschnitt 12_, then answer the questions overleaf in German.

das Abenteuer (-) *adventure*	**das Zelt (-e)** *tent*	**der Einkaufsbummel** *shopping trip*
die Wildnis (-se) *wilderness*	**mondsüchtig** *here: addicted to the moon*	**im Angebot** *on offer*
der Rentierschlitten (-) *reindeer sleigh*	**die Flitterwochen** *honeymoon*	

Winterabenteuer

1 Was wollen Frauen den Männern nicht überlassen?

2 Wie wird in Finnisch-Lappland gereist?

3 Wo kann man übernachten?

Für Mondsüchtige

4 Wie viele Menschen möchten dabei sein, wenn die ersten Touristen zum Mond fliegen?

5 Wer möchte die Flitterwochen bei „Frau Luna" verbringen?

6 Was kann man bei Thomas Cook tun?

Nach Peking

7 Was wird immer billiger?

8 Womit lockt die chinesische Hauptstadt?

9 Was gibt es im Angebot?

---

3 Listen to *Hörabschnitt 12* again and fill in the missing verbs in this transcript.

Winterabenteuer

Ladies Only! Frauen, die die Wildnis nicht allein Männern _____ _____

_____ , _____ jetzt unter sich auf Abenteuer-Tour _____ .

Ziel: Finnisch-Lappland. _____ wird mit Motor- und Rentierschlitten.

_____ in Hütten und in beheizten Zelten. Fünf-Tage-Tour mit Vollpension –

_____ _____ _____ !

Für Mondsüchtige

Sind Sie mondsüchtig? Es _____ eine Warteliste für Mondsüchtige. Mehr als

tausend Menschen _____ dabei _____ , wenn die ersten Touristen

zum Mond fliegen – sogar ein Liebespaar _____ die Flitterwochen bei „Frau

Luna" _____ . Es ist kein Scherz: Bei Thomas Cook kann man sich

_____ und _____ , dass die Traumreise kein Traum _____ .

Nach Peking ...

Zum Einkaufsbummel nach Peking! Reisen in den Fernen Osten _____ immer

billiger. Nach der Shopping-Metropole Hongkong _____ nun auch die

chinesische Hauptstadt Peking mit Kurzreisen zum Einkaufen. Im Angebot: Antiquitäten,

Porzellan und Seidenstoffe. Auch zum Sightseeing _____ genug Zeit. Im Angebot:

Neun-Tage-Reise mit sieben Übernachtungen und Frühstück.

4 If only I could travel to Finland or fly to the moon! Practise the conditional forms in these sentences. The first gap has been filled in for you.

Wenn ich nach Finnland reisen ___*könnte*___ , _____ ich mit Rentierschlitten

reisen. Ich _____ in einem beheizten Zelt _____ . Wenn ich aber

mondsüchtig _____ , _____ ich mich bei Thomas Cook für eine

Mondreise _____ . Wenn ich und meine Frau noch ein Liebespaar

_____ , _____ wir dort unsere Flitterwochen _____ .

Wenn aber die Reisen nach Peking billiger _____ , _____ ich dort

mein Porzellan _____ .

5 Now write a similar piece of about 50 words about a trip to London. Use the conditional and some of the words provided. When you have finished try reading it aloud. Start off by saying:

Wenn eine Reise nach London billiger wäre,

- übernachten
- verbringen
- einkaufen
- Einkaufsbummel
- Flitterwochen
- sich anmelden bei

6 Finally, listen to the poem *'Ferien'* by Manfred Hausin in *Hörabschnitt 13* of the *Übungskassette*. Then read it aloud and try to learn it by heart.

Lösungen Thema 3

Lerneinheit 1   p2

1 Below are quotations from the video, which should have given you the clues you needed.

	Thomas Walter	Dorothea Vogel	Wolfgang Fritz	Peter Bosch
Job	✗	✗	✗	
Family			✗	
Daily routine	✗	✗	✗	✗

Job

Thomas Walter
„... bin ich ... als Projektmanager tätig."
Dorothea Vogel
„... und arbeite jetzt als Geigerin ..."
Wolfgang Fritz
„Mein Beruf ist Glasermeister."

Family

Wolfgang Fritz
„Ich arbeite bei meinem Vater ..."

Daily routine

Thomas Walter
„Ich steh' in der Regel zwischen halb fünf und fünf auf, fahre ..."
Dorothea Vogel
„Also, es ist so, dass wir morgens normalerweise um 10 Probe haben ..."
Wolfgang Fritz
„Der Tagesablauf? Es geht morgens um sechs Uhr los mit Aufstehen."
Peter Bosch
„..., dass wir alle zusammen so um sechs beginnen."

2
1 Dorothea Vogel likes her work, but finds it tiring.
„... es ist ... eine sehr schöne Arbeit und 'ne ziemliche anstrengende Arbeit ..."
2 Thomas Walter works on the *Messegelände* (the site of the trade fair).

3 The construction work for the site of the new trade fair began last November.
„Wenn Sie sich überlegen, dass im vorigen November hier noch grüne Wiese war, ... dass der Erdbau gerade angefangen hatte, ..."

4 Peter Bosch's farm is situated a few kilometers outside Tübingen.
„Ein paar Kilomoter außerhalb der Stadt Tübingen hat Peter Bosch seinen Bio-Bauernhof."

5 Wolfgang Fritz works for a small family business – *„einem kleinen Familienbetrieb"*.

3   1c   2a   3d   4b

4
1 sechs Uhr **aufstehen**
2 sieben Uhr **mit der Arbeit beginnen**
3 von neun bis halb zehn **Frühstückspause haben**
4 von halb zehn bis halb eins **wieder arbeiten**
5 von halb eins bis halb zwei **Mittagspause haben**
6 um siebzehn Uhr **Feierabend haben**
7 nach siebzehn Uhr **Büroarbeit erledigen**

5   1c   2b   3c   4a   5c

6
1 I'm the first one to wake up.
„Ich wache als erste auf."
2 I wake the children up.
„Ich wecke die Kinder."
3 Usually I take a shower.
„Meistens dusche ich mich."
4 I quite like to take a bath.
„Ich nehme ganz gern ein Bad."
5 The children get washed.
„Die Kinder waschen sich."
6 The two older ones get dressed on their own.
„Die zwei Älteren ziehen sich alleine an."

7 Lucy has to leave the house first.

„*Die Lucy muss als erste aus dem Haus.*"

8 I tidy up quickly.

„*Ich räume dann noch schnell auf.*"

7 These activities are mentioned in the text but **not** on the video.

„*… dem Till muss ich noch dabei helfen.*"

„*… hat mein Mann schon die Zeitung aus dem Briefkasten geholt.*"

„*Er deckt dann auch den Tisch …*"

„*… macht das Frühstück für die ganze Familie.*"

„*Ich räume dann noch schnell auf …*"

„*… und gehe dann als Letzte aus dem Haus.*"

8 Here is the complete interview with suggestions for answers. Yours will almost certainly be different, but compare them and check that you have got the word order right, using inversion correctly. Don't forget to read the interview when you've checked it.

Frau Neumann	Entschuldigen Sie, ich mache ein Interview über den Tagesablauf der Mitarbeiter hier in dieser Firma. Würden Sie bitte die folgenden Fragen beantworten? Wann klingelt bei Ihnen normalerweise der Wecker?
Sie	*Normalerweise klingelt der Wecker um halb sechs.*
Frau Neumann	Und was machen Sie dann?
Sie	*Dann höre ich Radio.*
Frau Neumann	Und wann stehen Sie dann auf?
Sie	*Ich stehe dann um sechs auf.*
Frau Neumann	Was machen Sie zuerst?
Sie	*Zuerst mache ich eine Tasse Tee.*
Frau Neumann	Und anschließend?
Sie	*Anschließend dusche ich mich und ziehe mich an.*
Frau Neumann	Nehmen Sie sich Zeit für das Frühstück?
Sie	*Nein, leider muss ich aufräumen.*
Frau Neumann	Was machen Sie dann?

Sie	*Ich fahre mit dem Bus zur Arbeit. Ich pendele jeden Tag in die Stadt.*
Frau Neumann	Und am Wochenende? Stehen Sie dann auch so früh auf?
Sie	*Ich liege eine Stunde lang in der Badewanne und entspanne mich. Dann ziehe ich mich an und frühstücke mit meiner Familie.*
Frau Neumann	Vielen Dank für Ihre Hilfe. Auf Wiedersehen.

9 This is an account written from the perspective of a married woman. Your own version will, of course, be different. How many similar phrases did you manage to incorporate into the account of your day?

Also, normalerweise stehe ich um acht Uhr auf. Der Wecker klingelt um sieben, aber ich stehe nicht gern auf. Manchmal höre ich Radio im Bett. Zuerst geht mein Mann ins Badezimmer. Er duscht sich und zieht sich an. Danach gehe ich ins Badezimmer und bade. Da kann ich mich so richtig entspannen. Danach ziehe ich mich an, gehe in die Küche und mache eine Tasse Tee. Wir frühstücken nicht, aber wir lesen die Zeitung und die Post. Dann räumen wir schnell auf. Danach fahren wir zur Arbeit. Ich fahre mit dem Auto zur Schule, und mein Mann mit dem Bus, denn er arbeitet mitten in der Stadt und dort kann man nicht parken.

Lerneinheit 2   p9

1
1 Dr. Berger steht um sechs Uhr auf.
2 Sie frühstücken zusammen.
3 Die Kinder fahren mit dem Schulbus zur Schule.
4 Dr. Berger fährt etwa gegen 7.15 Uhr zur Arbeit.
5 Die Fahrt zur Praxis dauert etwa 15 Minuten.

2
1 bis etwa neun Uhr, zehn Uhr
  c er diagnostiziert Erkrankungen

2 etwa bis halb eins
  e da ist die allgemeine Sprechstunde

3 gegen 16 Uhr

  a er fährt wieder in die Praxis

4 bis etwa 18.30 Uhr

  f da ist die Nachmittags-Sprechstunde

5 etwa gegen 19 Uhr, 19.30 Uhr

  d er kommt nach Hause

6 etwa gegen 22 oder 22.30 Uhr

  b er geht ins Bett

3

1 a, b, g, i, m, o, r; you would be less likely to choose e, f, h or k

2 a, b, g, i, m, o, r; you would be less likely to choose e, f, h or k

3 a, b, c, i, o, r; you would be less likely to choose e or f

4 a, b, i, o, r; you would be less likely to choose e or f

5 l, p

6 d, n, q; you would be less likely to choose j

7 a, b, g, i, m, o, r; you would be less likely to choose e, f, h or k

8 a, b, g, i, m, o, r; you would be less likely to choose e, f, h or k

9 d, n, q; you would be less likely to choose j

10 a, b, i, o, r; you would be less likely to choose e or f

11 p or, less likely, l

12 a, b, i, o, r; you would be less likely to choose e or f

4

1 Ich bin bis etwa 10 Uhr im Bett geblieben.

2 Ich habe ein Glas Sekt getrunken.

3 Ich habe Musik gehört.

4 Nach dem Frühstück habe ich mich im Bad entspannt.

5 Ich habe die Zeitung gelesen.

6 Nach dem Mittagessen bin ich schwimmen gegangen.

7 Kurz vor fünf bin ich ins Café gegangen.

8 Ich habe zwei Stück Sahnetorte gegessen.

9 Anschließend habe ich ein Stündchen geschlafen.

10 Ich habe ein Taxi bestellt.

11 So etwa um 10 Uhr habe ich meine Freunde im Restaurant getroffen.

5 Model answers are provided in *Hörabschnitt 3*, and a written version is in the transcript booklet.

6

1 Martina decided that she wanted children but would not give up her career.

2 The arrangements for Maxi are that after nursery school, she will stay with a neighbour for an hour until her mother returns.

3 Maxi's bedtime routine is that after the evening meal both parents put her to bed, read her something or tell her a story.

4 On Saturday mornings Maxi helps with the cleaning – tidying up, cleaning the bathroom and so on.

7

	RICHTIG	FALSCH
1 *„Es ist nicht des Geldes wegen. Mein Mann verdient als Ingenieur genug."*	☐	☒
2	☒	☐
3	☒	☐

4 Wir spielen zusammen.

5 Sie erzählt mir, was sie tagsüber erlebt hat.

6 Wir essen gemeinsam.

7 Wir bringen Maxi zusammen ins Bett.

8 Wir lesen ihr was vor.

9 Wir erzählen ihr eine Geschichte.

Wir denken viel darüber nach, was wir am **Wochenende** mit Maxi machen können. Wir wollen ihr zeigen, dass wir am **Samstag** oder **Sonntag** Zeit für sie haben. Maxi hilft sogar beim **Saubermachen**.

Während der Woche habe ich für die **Hausarbeit** wenig Zeit, deshalb **räumen** wir zu dritt am Samstagmorgen **auf**. Das macht uns richtig **Spaß**.

8 The pronouns you should have listed were: sie sie/ich/ich/mich/ihr/Wir/sie/mir/sie/wir/Wir/ihr/ihr/ mir/ich/ich/ich

9

1 Geht Maxi zur Nachbarin? Ja natürlich. **Sie** geht jeden Tag zu **ihr**.

2 Die Nachbarin spielt auch mit Maxi, nicht wahr? **Sie** spielt jeden Tag mit **ihr**, aber erst nachdem **sie** die Schulaufgaben gemacht hat.

3 Martina und ihr Mann haben wohl nicht viel Zeit für ihre Tochter, oder? Doch, am Wochenende nehmen **sie** sich viel Zeit für **sie**.

4 Und nach dem Abendessen? Spielt dann der Vater ein bisschen mit Maxi? **Er** spielt immer mit **ihr**!

5 Maxi hilft den Eltern sicher gerne bei der Hausarbeit, nicht wahr? Ja, am Wochenende putzt **sie** das Badezimmer mit **ihnen**.

6 Und am Sonntag? Besuchen Martina und ihr Mann zusammen mit Maxi auch die Großeltern? Nein, **sie** sind selten bei **ihnen**.

Lerneinheit 3   p17

1 Article 1 b; Article 2 a; Article 3 c

2

1 longest serving employee *dienstältester Mitarbeiter*

2 a meeting with a client *ein Kundengespräch*

3 time is made up in autumn and winter *die Zeit wird im Herbst oder im Winter wieder reingeholt*

4 on full pay *bei vollem Lohn*

5 as a reward for the stress there are company shares *als Lohn für den Stress gibt es Firmenaktien*

3

1 Wenn der Wecker um sechs Uhr klingelt, stehe ich sofort auf.

2 Wenn Dr. Berger mittags nach Hause kommt, übt er mit den Kindern Musik.

3 Wenn Claudia Heilig Nachtdienst hat, kommt sie morgens um 6.30 Uhr nach Hause.

4 Wenn die Kinder von der Schule nach Hause kommen, essen wir gemeinsam.

5 Wenn ich freitags früher Feierabend mache, gehe ich zwei Stunden ins Schwimmbad.

6 Wenn Dr. Setzler morgens frühstückt, liest er die Zeitung.

4 The written version of *Ganz Einfach* is in the transcript booklet.

5 Your questions should be something like this.

1 Wann/Um wie viel Uhr stehen Sie normalerweise morgens auf?

2 Wann/Um wie viel Uhr verlassen Sie das Haus?

3 Wie kommen/fahren Sie zur Arbeit?

4 Wie lange dauert die Fahrt?/Wie lange fahren Sie/fährt man?

5 Machen Sie Schichtarbeit?

6 Was machen Sie normalerweise in der Mittagspause?

7 Wann haben/machen Sie Feierabend?/Wann ist Feierabend?

8 Müssen Sie manchmal abends arbeiten?

9 Müssen Sie auch am Wochenende arbeiten?

10 Wie lange/Wie viele Stunden arbeiten Sie durchschnittlich am Tag?

6 Model answers are provided in *Hörabschnitt 5*, and a written version is in the transcript booklet.

7 Here are Frau Anders' replies in German and English.

„Äh, das kommt darauf an, an Wochentagen stehe ich normalerweise um etwa Viertel vor sieben auf."

"That depends. On weekdays I usually get up at about a quarter to seven."

„Ich gehe normalerweise pünktlich um fünf vor halb acht von zu Hause weg, denn sonst würde ich nicht rechtzeitig zur Arbeit kommen."

"Normally I leave home at twenty-five past seven on the dot, otherwise I wouldn't get to work on time."

„Ich fahre eigentlich immer mit dem Bus zur Arbeit, das ist um die Zeit besser als mit dem Auto."

"Actually, I always take the bus to work because at that time it's better than going by car."

„Äh, die Busfahrt dauert 16 bis 19 Minuten."

"The bus journey takes between 16 and 19 minutes."

„Nein, Gott sei Dank nicht. Ich habe eine regelmäßige Arbeitszeit."

"No, thank God. I have regular working hours."

*„Äh, ich esse mein Butterbrot und ein
bisschen Obst. Das bring' ich von zu Hause mit.
Dann gehe ich gern zehn Minuten in der Stadt
bummeln."*

"I eat my sandwich and a little fruit. I bring that
with me from home. Then I like to wander round
the town for 10 minutes."

„Wir haben um 16.30 Uhr Feierabend."

"We finish work at 4.30pm."

*„Ah, manchmal muss ich donnerstags bis 20
Uhr arbeiten. Zum Glück kommt das nicht sehr
oft vor."*

"Sometimes I have to work until 8pm on
Thursdays. Fortunately that doesn't happen very
often."

„Nein, ich arbeite nie am Wochenende."

"No, I never work at the weekend."

*„Äh, wenn ich donnerstags nicht länger
arbeite, dann acht Stunden pro Tag."*

"If I don't have to work late on Thursdays, eight
hours a day."

Lerneinheit 4   p22

1 Die **Ärzte** haben in Deutschland ganz klar das
höchste Ansehen. Danach folgen mit 40% die
Pfarrer. An dritter und vierter Stelle liegen die
Rechtsanwälte und die **Hochschulprofessoren**.
Dagegen liegen die **Grundschullehrer** mit nur
24% im Mittelfeld. Am Ende dieser Skala stehen
die **Gewerkschaftsführer**. Das Ansehen der
Buchhändler, **Politiker** und **Offiziere** liegt bei
jeweils 9%.

2
1 Simone erledigt den Schriftverkehr.
2 Sie bearbeitet die Eingangspost.
3 Sie diktiert Briefe.
4 Sie bestätigt Versicherungen.
5 Sie bearbeitet Anträge und erstellt
Rechnungen.
6 Sie telefoniert mit Kunden.

3
1 Ich berate Kunden.
2 Ich hole per Computer Informationen ein.
3 Ich kalkuliere die Preise.
4 Sabine bucht die Reise.
5 Sabine kümmert sich um die Unterlagen.

4
1 Ich bin verantwortlich **für** den Denkmalschutz.
2 Ich habe **mit** historischen Gebäuden zu tun.
3 Ich beschäftige mich **mit** Geschichte und
Kunst.

5 Frau Gerdes ist berufstätig. Sie arbeitet als
Exportkauffrau in einem großen
Industrieunternehmen. Sie hat viel **mit** Kunden
aus dem Ausland zu tun. In der Exportabteilung
ist sie **für** die gesamte Korrespondenz mit
französischsprachigen Ländern verantwortlich.
Außerdem ist sie zuständig **für** den Kontakt mit
Kunden aus der Schweiz. Frau Gerdes beschäftigt
sich auch **mit** der Organisation von Messen im In-
und Ausland. Sie kümmert sich **um** die Planung
und Vorbereitung der Messen.

6
1 Wofür sind Herr Walter und seine Kollegen
zuständig?
2 Wofür sind Sie verantwortlich?
3 Womit beschäftigen Sie sich?
4 Womit haben Sie zu tun?

7 b, f, a, d, e, c

8 Here are some possible answers. If yours are very
dissimilar, think again about this activity.

1 Eine Krankenschwester/Ein Krankenpfleger
ist für das Betreuen von Patienten, das
Verteilen von Medikamenten, das
Insbettbringen der Kinder verantwortlich.
2 Eine Bürokauffrau/Ein Bürokaufmann ist für
das Koordinieren von Terminen, das Ablegen
von Dokumenten, das Führen von
Telefongesprächen zuständig.
3 Eine Projektmanagerin/Ein Projektmanager
ist für das Durchführen von Projekten, das
Verhandeln mit Vertretern, das Schreiben von
Berichten verantwortlich.
4 Eine Hausfrau/Ein Hausmann beschäftigt sich
mit der Haushaltsführung, dem Essenkochen,
dem Vorlesen von Geschichten. *(Did you
remember to use the dative case after* mit*?)*

9
• *Ich bin von Beruf …*
• *Ich bin für … verantwortlich*
• *Ich führe Telefongespräche*
• *Ich berate Kunden*

10 Model answers on provided in *Hörabschnitt 7*, and a written version is in the transcript booklet.

Lerneinheit 5   p29

1 **Frau Schmidt** likes her work because she loves the city where she lives.

   Herr Sorger likes his work because it is so varied – there's always something different to do and there are so many unexpected aspects.

   Herr Brinkmann likes being an antique dealer because he can combine his hobby with earning money.

   Frau Gedemer likes her job because she enjoys working with children and it is very varied.

   Frau Seeger likes her job because she has a lot to do with people, she likes working with small children and she likes a challenging job.

   Herr Baumann likes his job because when you work with young people you are kept up to date and the work is always challenging.

2 Model answers are provided in *Hörabschnitt 8*, and a written version is in the transcript booklet.

3
1 Herr Sorger findet seine Arbeit gut, denn sie ist sehr abwechslungsreich.

2 Frau Schmidt findet ihre Arbeit gut, denn sie liebt ihre Stadt.

3 Frau Gedemer gefällt ihre Arbeit, denn sie arbeitet gern mit Kindern.

4 Frau Seeger findet ihre Arbeit gut, denn sie hat gern mit anderen Menschen zu tun.

4 Here are two suggested opinions about jobs 2 and 3.

2 Die Bezahlung ist sehr gut, und meine Kollegen sind nett. Deswegen gefällt mir die Arbeit. Aber ich muss Schichtdienst machen, ich muss manchmal am Samstag arbeiten, und es ist sehr laut. Aus diesem Grund finde ich die Arbeit nicht so gut, und ich muss 40 Stunden pro Woche arbeiten. Das ist viel.

3 Die Arbeitszeit ist sehr lang und ich habe nur 10 Tage Urlaub pro Jahr. Aus diesem Grund gefällt mir die Arbeit nicht so gut. Mein Einkommen ist sehr hoch und ich habe viel Verantwortung. Deswegen macht mir die Arbeit großen Spaß.

5 Your choice is entirely up to you. But you should use both expressions, *Ich halte … für wichtig* and *Für mich ist wichtig, dass …* when talking about your priorities.

6
1 Sonja hat so lange geschlafen, weil sie müde war.

2 Sonja und Bettina waren gestern Nachmittag in der Grimmaischen Straße.

3 Nein, Bettina findet, dass Sonja schlecht gelaunt war.

4 Bettina kennt Thomas von der Universität in Tübingen. Sie waren im selben Jahrgang.

5 Sonja hat Thomas bei einem Kollegen getroffen.

6 Thomas hat beide Frauen zuerst in die Moritzbastei eingeladen.

7 Danach hat er sie in die Kunstgalerien eingeladen.

8 Sonjas Warnung war: Sei vorsichtig!

9 Sonja arbeitet bei Saturn-Hansa (im Musikgeschäft).

10 Bettina sagt: „Das war nett heute Abend!" (Es hat mir wirklich Spaß gemacht!)

7 1c 2g 3e 4h 5a 6d 7j 8i 9b 10f

8
1b & c Bettina findet ihre Arbeit in Grünau anstrengend, weil die Schüler unverschämt sind und weil sie die Klasse noch nicht im Griff hat.

2a Ein Nachteil von Bettinas Arbeit ist, dass sie immer so früh aufstehen muss.

3a Thomas gefällt seine Arbeit als Straßenmusikant nicht, wenn das Wetter schlecht ist und die Leute ihm nicht so viel Geld geben.

9 Here is a suggested diary entry.

Sonja war heute mal wieder schlecht gelaunt. Sie war müde. Zuerst wusste ich nicht was los war, dann hat sie mir die Geschichte mit Thomas erzählt. Sie traut ihm einfach nicht. Ich habe ihr gesagt, dass ich Thomas kenne und dass wir zusammen auf der Universität in Tübingen waren.

   Am Abend habe ich dann Thomas in der Moritzbastei getroffen. Aber ich war sehr müde. Ich habe nur einen Orangensaft getrunken.

Thomas wollte tanzen, aber ich hatte keine Lust. Ich musste viele Hausaufgaben korrigieren. Thomas möchte nochmal ausgehen, aber ich weiß nicht so richtig. Er will anrufen. Noch eins, ich muss auf ein Auto sparen. Die Fahrt nach Grünau ist anstrengend.

Lerneinheit 6   p35

I The trades illustrated are **I** *Bäcker* **2** *Maurer* **3** *Zimmermann* **4** *Friseur* **5** *Installateur*.

2
1. Cathedrals and guild halls from the Middle Ages still survive as evidence of *Handwerksarbeit*.
2. Industry and private consumers benefit from *Handwerker*.
3. The number of private craft businesses has doubled since unification.

3 Das Handwerk ist sowohl für die Industrie als auch die **Verbraucher** von Bedeutung.

Die meisten Haushalte brauchen hin und wieder einen **Installateur** für die Reparatur ihrer Waschmaschine oder einen **Kfz-Mechaniker** für die Wartung oder Reparatur ihres Autos.

Der Verbraucher kauft auch gern seine Brötchen beim **Bäcker**, seine Torte beim **Konditor** und sein Fleisch beim **Fleischer**. Viele Deutsche legen beim Hausbau großen Wert auf gute Handarbeit und lassen sich aus diesem Grund ihr Haus meistens von **Handwerkern** bauen.

Seit der Wiedervereinigung Deutschlands ist die Zahl der **Handwerksbetriebe** in den neuen Bundesländern um 100% gestiegen.

4

	RICHTIG	FALSCH
I Wolfgang Fritz kommt zu Fuß zur Arbeit.	☐	☒
2	☒	☐
3 Er arbeitet an einem Fenster in der Werkstatt.	☐	☒
4	☒	☐
5 Er schneidet ein Stück Holz.	☐	☒

5 The complete transcript is provided in the transcript booklet.

6 Wolfgang Fritz hat seine **Lehre** in Tübingen angefangen. Nach drei Jahren musste er zur **Bundeswehr**, dann hat er einige **Gesellen**jahre gemacht. Anschließend hat er die **Meisterschule** besucht, wo er die Prüfung **abgelegt** hat.

7 If 2g 3b 4c 5h 6d 7a 8i 9j 10e

8
1. Gerrit took up this career because he wanted to work with natural materials, be creative, and feel he was fulfilling himself; Arnd combined a desire for work in a craft industry with an interest in medicine.
2. The final paragraph.
3. An ageing population means greater demand for artificial aids.

9
1. Gerrit Schüen begann seine Lehre als Tischler.
2. Gerrit Schüen wollte mit natürlichem Material arbeiten.
3. Gerrit Schüen wollte kreativ sein.
4. Er wollte sich selbst verwirklichen.
5. Die Arbeit wird auch in den kommenden Jahren nicht ausgehen. (*Gerrit wanted a job where there would always be work in the future, the article used* wird nicht ausgehen, *to indicate the future.*)
6. Arnd Schümann ist beim Arbeitsamt auf den Beruf des Orthopädiemechanikers gestoßen.
7. Es ist ein fachlich anspruchsvoller Beruf.
8. Arnd Schümann hat das Gefühl, etwas Sinnvolles zu tun.
9. Der Beruf bietet gute Möglichkeiten, sich selbstständig zu machen.

II **Gottlieb Daimler**
Er wurde 1834 in Schorndorf bei Stuttgart geboren. Er **hat** die polytechnische Hochschule in Stuttgart **besuch**t.

1862 **hat** er eine Versuchswerkstatt in Cannstatt **aufgebaut**.

1883 **hat** er zusammen mit Wilhelm Maybach den ersten Benzinmotor **entwickelt**. 1885 **haben** er und Wilhelm Maybach das erste Benzin-Motorrad der Welt **gebaut**. Bei einem internationalen Autorennen 1899 in Nizza **hat** ein Daimlerwagen **gesiegt**.

Danach **hat** der österreichische Großkaufmann Emil Jellinek die Firma finanziell **unterstützt**. Emil Jellineks Tochter, Mercedes, **hat** der Marke den Namen **gegeben**. Im Jahre 1900 **ist** Gottlieb Daimler in Cannstatt **gestorben**.

Carl Benz

Er wurde 1844 in Karlsruhe geboren. Er **hat** eine Ausbildung als Ingenieur **gemacht**. Er **hat** in Mannheim die Gasmotorenfabrik & Cie **gegründet**.

1885 **hat** er den ersten dreirädrigen Benzin-Motorwagen **hergestellt**.

1886 **hat** er Patente für den ersten Motorwagen **erhalten**.

Im Alter von 85 Jahren **ist** er in Ladenburg **gestorben**.

1926 **hat sich** die Benz & Cie Gasmotorenfabrik, Mannheim, mit der Daimler Motorengesellschaft **zusammengeschlossen**.

Das neue Unternehmen **hat** den Namen Daimler Benz AG **erhalten**.

Lerneinheit 7   p45

1   Gerd Mathias: Grundschule; Hauptschule (Hauptschulabschluss); Lehre (Gesellenprüfung); Zivildienst

Brigitte Karstens: Grundschule; Gymnasium (Abitur); Universität (Studium)

Jochen Hümpel: Grundschule; Gymnasium (Abitur); Bundeswehr; Lehre

Claudia Bruns: Grundschule; Realschule; Lehre; Abendschule (Fachabitur); Fachhochschule (Diplom)

2   **Gerd Mathias**

1 Er hat vier Jahre die Grundschule besucht.

2 Danach war er auf der Hauptschule.

3 Nach der Schule hat er eine Lehre als Werkzeugmechaniker gemacht.

4 Die Lehre hat drei Jahre gedauert.

5 Er hat die Gesellenprüfung vor drei Jahren abgelegt.

Brigitte Karstens

6 Nach der Grundschule hat Brigitte Karstens ein Gymnasium besucht.

7 In der Schule haben ihr Physik und Kunst großen Spaß gemacht.

8 Auf der Universität studiert sie Architektur.

9 Sie studiert schon acht Semester.

Jochen Hümpel

10 Er war neun Jahre auf dem Gymnasium.

11 Nach dem Abitur musste er zur Bundeswehr.

12 Er hat eine Lehre gemacht.

13 Er hat Zahntechniker gelernt.

Claudia Bruns

14 Sie hat eine Lehre als Bankkauffrau gemacht.

15 Sie hat noch zwei Jahre bei der Sparkasse gearbeitet.

16 Sie hat das Fachabitur in einer Abendschule gemacht.

17 Sie hat acht Semester Betriebswirtschaft studiert.

3   The examples of the imperfect tense in these two transcripts were

Brigitte Karstens: war/wollte;
Jochen Hümpel: musste/stellte

4

1 Nach der Grundschule **ging** Brigitte Karstens aufs Gymnasium, wo sie ihr Abitur **machte**. Auf der Schule **lernte** sie gern Physik und Kunst. Sie **wollte** beides kombinieren und **kam** auf die Idee, Architektur zu studieren.

2 Nach der Grundschule **besuchte** Jochen Hümpel neun Jahre das Gymnasium, wo er die Abiturprüfung **ablegte**. Danach **musste** er zur Bundeswehr gehen. Er **wollte** nicht studieren, deshalb **absolvierte** er eine Lehre als Zahntechniker.

5   Gerd Mathias **besuchte** die Grundschule, dann **ging** er in die Hauptschule, wo er seinen Abschluss **machte**. Er **lernte** Werkzeugmechaniker bei einer Firma. Seine Lehre **dauerte** drei Jahre. Anschließend **legte** er seine Gesellenprüfung ab, danach **kam** sein Zivildienst.

6   Katrin Weber **besuchte** von 1958–1962 die Grundschule in Tübingen. Sie **ging** aufs Gymnasium und **machte** das Abitur. Dann **machte** sie ein Praktikum und **ging** schließlich auf die Universität, wo sie Tiermedizin **studierte**. Das Studium **dauerte** sechs Jahre.

Heiko Landers **besuchte** die Grundschule in Flensburg und danach **ging** er in die Realschule, wo er die Mittlere Reife **machte**. Dann **machte** er drei Jahre lang eine Lehre als Versicherungskaufmann bei Allianz. 1989 **kam** er in die Bundeswehr und **blieb** ein Jahr.

7

1 a Miriam Surace: *„… weil sie nach der Trennung ihrer Eltern ihre Mutter finanziell unterstützen wollte."*

b Gülten Akdemir: *„Als ich elf Jahre alt war, wurde mein Vater krank …"*

2 a Gülten Akdemir hat die Schule verlassen, weil die Familie aus Deutschland weggezogen ist.: *„… wir sind zurück in die Turkei."*

b Miriam Surace hat die Schule verlassen, weil sie Geld verdienen wollte: *„… weil sie, … ihre Mutter finanziell unterstützen wollte."*

3 a Miriam Surace ist wieder zur Schule gegangen, weil sie die Klassenkameraden mit Abitur beneidete: *„… als ich meine alten Klassenkameraden sah, die alle ihr Abitur in der Tasche hatten, da wurde ich richtig neidisch …"*

b Gülten Akdemir ist wieder zur Schule gegangen, weil sie keine Arbeit finden konnte.: *„… und bekam auch keine Arbeit."*

8

1 a Miriam **c** Gülten

2 a Gülten **b** Miriam (at *Abendgymnasium*)

c Miriam

9

Here is a suggested version to compare with your own.

Ich bin in Newcastle zur Grundschule gegangen. Ich war vier Jahre alt. Nach der Grundschule ging ich zur Gesamtschule, bis ich 17 Jahre alt war. Ich habe drei 'A' levels gemacht, aber ich wollte nicht zur Universität gehen. Ich habe eine Weltreise gemacht. Ein Jahr später habe ich eine Stelle in einem Reisebüro bekommen. Ich habe keine Ausbildung gemacht, aber ich habe viel gelernt. Dann bekam ich meine Chance. Mein Chef im Reisebüro hat gesagt, ich soll eine Ausbildung bekommen und die Firma bezahlt. Ich bin drei

Jahre abends zu einem Kolleg gegangen und habe Finanzberatung gelernt. Das war sehr anstrengend. Es gab viel Stress. Aber ich habe meine Prüfung abgelegt und bin jetzt gut qualifiziert. Ich verdiene auch sehr viel mehr Geld.

Lerneinheit 8 p53

1

1 Dr. Setzler has a doctorate in history; he studied German and History of Art.

2 Frau Gahre is unemployed.

3 Private individuals provided a taxi service during the spring and autumn fairs in Leipzig.

2 Here are the answers, with quotations from the video, which should have given you the clues you needed.

	RICHTIG	FALSCH
1 *„Ich bin seit 1980 Leiter des Kulturamts der Stadt. Ich war vorher am Institut für Geschichtliche Landeskunde …"*	☐	☒
2 *„… habe Germanistik studiert und Kunstgeschichte …"*	☐	☒
3	☒	☐
4	☒	☐
5 *„… eine sehr interessante Arbeit …"*	☐	☒
6 *„Ich würde gerne dort weiter arbeiten … aber das Gesetz lässt es eben nicht zu …"*	☐	☒
7 *„… zum Taxifahren bin ich dadurch gekommen, dass … die Möglichkeit bestand, neben seiner … Arbeit Taxi zu fahren während der Frühjahrs- und Herbstmesse."*	☐	☒
8	☒	☐
9	☒	☐
10 *„… das habe ich zirka 20 Jahre auch gemacht."*	☐	☒

3 **Dr. Wilfried Setzler**

Ich bin seit 1980 Leiter des Kulturamts. Ich **war** vorher am Institut für Geschichtliche Landeskunde, ich bin von Hause aus promovierter Historiker, **habe** Germanistik **studiert** und Kunstgeschichte, **bin** dann allerdings zur Stadt **gegangen**, weil ich von der Wissenschaft weg **wollte**, mehr ins tätige, praktische Leben.

Edith Gahre

Im Moment **bin** ich arbeitslos. Ich **war** schon mal arbeitslos fast zwei Jahre und **hab'** dann eine sogenannte ABM-Stelle **bekommen**, Arbeitsbeschaffungsmaßnahme, die auch vom Arbeitsamt finanziert wird, und die kriegt man höchstens für zwei Jahre, und diese zwei Jahre **waren** am 19. Dezember letzten Jahres vorbei. Ich würde gern dort weiter arbeiten. Ich **war** in einem Bürgerverein hier in Gohlis tätig. Äh, es **war** eine völlig neue Arbeit für mich, aber eine sehr interessante Arbeit, aber das Gesetz lässt es eben nicht zu, dass man gleich weiter arbeitet.

Georg Rübling

Ja, zum Taxifahren **bin** ich dadurch **gekommen**, dass nur in Leipzig die Möglichkeit **bestand**, neben seiner eigentlichen täglichen Arbeit Taxi zu fahren während der Frühjahrs- und Herbstmesse. Während der Messen **haben** die staatlichen Taxis nicht **ausgereicht**, und es **durften** Privatleute mit ihrem Auto Taxi fahren. Und das **habe** ich zirka 20 Jahre auch **gemacht** und **bin** somit in diesen Beruf schon lange **'reingewachsen**.

4 Herr Rübling **besuchte** die Schule in Jena, wo er auch seine Abiturprüfung **ablegte**. Anschließend **lernte** er Chemielaborant. Junge Männer in der Ex-DDR **mussten** zum Militärdienst, aber Herr Rübling **brauchte** das nicht. Zwei Jahre nach der Lehre **machte** er ein Lehrerstudium und **war** dann viele Jahre als Lehrer tätig.

Später **arbeitete** er auch als Dozent im Bereich EDV (Elektronische Daten-Verarbeitung). Während dieser Zeit **studierte** er auch noch Ökonomie im Fernstudium. Als er nach fünf Jahren damit fertig war, **gab** er seine Lehrtätigkeit **auf**. Danach **konzentrierte** er sich nur noch auf seine Arbeit in der Ökonomie. Nach der Wende **machte** er sich selbstständig und **gründete** sein eigenes Taxiunternehmen, in dem er auch heute noch tätig ist.

5

1 Als sie arbeitslos war, hatte sie viel Zeit. *Alternatively, you could have said,* Sie hatte viel Zeit, als sie arbeitslos war.

2 Als er mit dem Studium fertig war, konnte er seine Lehrtätigkeit aufgeben. *Alternatively you could have said,* Er konnte seine Lehrtätigkeit aufgeben, als er mit dem Studium fertig war.

3 Als Bettina und Sonja nach Hause kamen, klingelte das Telefon. *Alternatively,* Das Telefon klingelte, als Bettina und Sonja nach Hause kamen.

6

1 Frau Lotzmann thinks that fashion is a matter of personal style. A person should have a sense of well-being, which is why fashion is necessary.

2 Before the *Wende* Frau Lotzman sold dog food and nappies. Then she was a director of a wholesale firm supplying Russian soldiers with uniforms.

3 After the *Wende* there were no Russian soldiers to buy uniforms.

4 She discovered a gap in the market in the Eastern Bloc countries.

5 Because she had become a symbol of success in adversity.

6 Her working day is very hectic, full of appointments, telephone calls, work discussions and visits until late in the evening.

7 Three things which are important to her are good co-operation; to have time for a chat; a few pleasant words.

8 Her style is very elegant – feminine with a touch of frivolity.

7 Here are the correct statements.

1 Es ist, glaub' ich, ein Ausdruck des **persönlichen** Stils.

2 Dann war sie **Direktorin** von einem Großhandelsbetrieb.

3 Nach der Wende gab es **keine** sowjetischen Soldaten mehr.

4 Diese Marktlücke hat sie **aus**genutzt.

5 Das Modezentrum hat Filialen in **Russland**, Weissrussland, Lettland und in der Ukraine.

6 Das war natürlich dann **irgendwo** der Knackpunkt.

7 Im Modezentrum ist das Leben **immer** sehr hektisch.

8 Wenn ich hierher komme, habe ich eigentlich immer vollgeplante Termine, auf Minuten eigentlich geplant, weil absolut **wenig** Zeit besteht.

9 Ich bin eigentlich **wirklich nur** zu Hause **zu Gast**.

10 Das **dritte** ist, daß ich selbst natürlich sehr energisch bin.

11 Ich werde sie tragen, **ja**! Die sind einfach zu schön, die muss man tragen.

8

1 Danach hab' ich gar keine Ruhe mehr gehabt.

2 So ein Riesenerfolg hat Konsequenzen.

3 Ich hätte gern den Herrn Wilhelm.

4 Die brauchen wir dringendst.

5 Das bedrückt meine Familie, aber meine Familie steht zu mir.

6 Ich könnte, glaub' ich, ohne diese Arbeit gar nicht leben.

Lerntip

edible *essbar*; drinkable *trinkbar*; readable *lesbar*; thinkable *denkbar*; repairable *reparierbar*; acceptable *annehmbar*; use by … *mindestens haltbar bis …*

9

• Frau Henschel, was sind Sie von Beruf?

• Haben Sie das auch vor der Wende gemacht?

• Wie haben Sie diese neue Stelle gefunden?

• Gefällt Ihnen die Arbeit?

• Vielen Dank für das Interview, Frau Henschel, und auf Wiedersehen.

10 Model answers are provided in *Hörabschnitt 10*, and a written version is in the transcript booklet.

11 Here is a suggested brief biography of Frau Henschel.

Frau Henschel ist Schriftsetzerin von Beruf. Vor der Wende hat sie als Sekretärin in einer Druckerei gearbeitet. Nach der Wende hat eine westdeutsche Firma die Druckerei aufgekauft und nach sechs Monaten geschlossen. Da war Frau Henschel plötzlich arbeitslos. Sie hat ihre neue Stelle durch eine Anzeige in der Zeitung gefunden.

Die Stelle gefällt ihr, weil die Arbeit abwechslungsreich ist. Die Atmosphäre ist auch freundlich und die Bezahlung nicht schlecht. Die Kunden sind manchmal ein bisschen aggressiv, aber die Arbeit gefällt ihr sehr.

Lerneinheit 9   p60

1

1 She was the head of dispatch for a china factory.

2 The (male) managers assumed that as a single mother she had enough to do.

3 She took a close look at job vacancies in the newspapers.

4 She is in charge of ten people and has much more responsibility.

5 She spends the whole day working with people. Women have genuine opportunities here, because the management is really open.

2

1 b Jetzt führt sie zehn Mitarbeiter.

2 c Das Management ist sehr offen.

3 d Sie hat viel mehr Kompetenzen.

4 a Man bietet ihr echte Chancen.

3

1 The salary was scandalously low; the work stressful; as a nurse you must deal with other people's worries and anxieties; the doctors-in-charge weren't always exactly friendly.

2 She had inherited some money from her aunt Elisabeth.

3 She is doing what she had dreamt about (her book is being sold in bookshops).

4

1 Ich bin Autorin (ich schreibe Bücher).

2 Vorher war ich Krankenpflegerin.

3 Ich habe gekündigt, weil der Verdienst skandalös war (die Arbeit aufreibend war) (man die Sorgen und Ängste von anderen Menschen verkraften muss) (die Chefärzte nicht immer freundlich waren).

4 Mein Traumwunsch war, zu schreiben.

5 Your letter might look like this.

Liebe/Lieber _____,

ich möchte dir meine neue Adresse geben. Ich bin vor ein paar Monaten umgezogen und wohne jetzt in einem Einfamilienhaus mit einem kleinen Garten. Seit September mache ich eine Ausbildung als Grundschullehrer, d.h. ich besuche die Pädagogische Hochschule. Meine Arbeit als Pharmareferent war sehr frustrierend. Es war eine undankbare Arbeit. Das Arbeitsklima war nicht gut, die Arbeit war anstrengend und es gab keine Aufstiegsmöglichkeiten. Das war wirklich die beste Entscheidung meines Lebens.

Hoffentlich geht es dir auch gut. Grüße deine Mutter von mir.

Bis bald,

_____

6
1 Gabi says that her children are both at school now.
2 She wants a regular morning job.
3 Her friend told her that a local doctor needed a receptionist in the mornings.

7 Gabis Kinder gehen jetzt beide **in die Schule**. Sie hat jetzt mehr **Freizeit** und möchte deshalb wieder arbeiten. Für sie kommt eigentlich nur eine Arbeit **im medizinischen Bereich** in Frage, weil sie ihre **Berufskenntnisse** wieder anwenden und nicht irgendwo **in einem Büro** sitzen möchte. Zum Glück hat Anne gehört, dass ein Arzt eine **Sprechstundenhilfe** für seine **Praxis** braucht. Das wäre für Gabi ideal, weil das eine **Teilzeitarbeit** ist und sie nur vormittags arbeiten möchte. Aber zuerst muss Gabi sich um die Stelle **bewerben**.

8
1 Ich werde mich um die Kinder kümmern.
2 Ich werde um sieben Uhr anfangen.
3 Ich habe vor, einen Computerkurs zu machen.
4 Ich habe vor, für eine andere Firma zu arbeiten.
5 Ich habe keine Lust, Überstunden zu machen.
6 Ich habe keine Lust, Verantwortung zu tragen.
7 Ich habe die Absicht, ein Geschäft aufzumachen (zu eröffnen).

8 Ich habe die Absicht, nächstes Jahr in den Ruhestand zu gehen.

9 1d 2a 3b 4c

10 Here are the phrases you should have found.

1 Entschuldigen Sie bitte, ich habe mich verwählt.
3 Ich hätte gern Herrn/Frau … gesprochen.
4 Könnte ich bitte Herrn/Frau … sprechen?
6 Er/Sie ist nicht im Hause.
9 Soll ich etwas ausrichten?
10 Ich verbinde.
11 Wann kann ich ihn/sie erreichen?
12 Ich rufe später noch mal zurück.
13 Einen Moment, bitte.
14 Auf Wiederhören!

11
1 Herr Zinkel leaves a message that he cannot come next Monday at 3 and will phone later in the week.
2 Frau Schumann discusses applying to be Dr. Schütte's receptionist.

12 Model answers are provided in *Hörabschnitt 13*, and a written version is in the transcript booklet.

Lerneinheit 10   p68

1 Normalerweise **stehen** wir so um sechs rum **auf**. Ja, so um kurz vor sieben **fahre** ich dann **los** in Richtung Hagelloch und **bin** dort so um halb acht und die Schule **beginnt** um Viertel vor acht. Wie es in Deutschland so üblich **ist**, **haben** wir meistens nur vormittags Unterricht, bis zirka ein Uhr. An ein oder zwei Tagen **ist** auch nachmittags Unterricht, und ja, wenn ich **zurückkomme**, dann **findet** zunächst erstmal das Mittagessen **statt** und dann **lese** ich Zeitung. Da ich Lehrer **bin**, ist man im Allgemeinen erst einmal müde und **schläft** eine halbe Stunde. Ja, dann **gehe** ich an die Unterrichtsvorbereitungen, was in dem Kontext zu tun ist. Soziale Aktivitäten, die **finden** hauptsächlich am Wochenende **statt** außer der Singstunde freitags. In der Woche **bleibt** im Grunde genommen relativ wenig Zeit dafür **übrig**.

You might have wondered why the first part of zurückkommen, *a separable verb, didn't go to the end of the clause. This is because* wenn *sends the verb to the end of the clause as well.*

2 Ich **habe** hier in Rottenburg in einem Büro in unserem Haus **gearbeitet**. Das **ist** für mich als Mutter von Vorteil **gewesen**, weil ich nicht so oft aus dem Haus **gegangen bin**. Trotzdem **habe** ich immer viel zu tun **gehabt**. Ich **bin** ungefähr um halb sieben **aufgestanden,** dann **habe** ich zuerst meine Tochter **geweckt**. Sie **ist** um Viertel nach sieben mit dem Bus zur Schule **gefahren**. Mein Sohn **ist** so um acht Uhr aus dem Haus **gegangen**. Am Vormittag **habe** ich dann in meinem Büro **gearbeitet** und ich **habe** auch das Mittagessen **gekocht**. Die Kinder **sind** so um eins nach Hause **gekommen**.

3 Gregor **war** ein komischer Typ. Er **war** freiberuflicher Grafiker und **arbeitete** meistens von zu Hause. Er **stand** ungern morgens **auf** und er **ging** ungern abends zu Bett. Sein Arbeitstag **verlief** ganz unregelmäßig. Meistens **arbeitete** er bis spät in die Nacht an seinen Kreationen. Dabei **hörte** er laute Musik und **trank** ein oder zwei Glas Bier. Seine Freundin **kam** so um acht Uhr abends nach Hause, **machte** ihm einen Happen zu essen und **erzählte** von ihrer eigenen Arbeit als Journalistin. Ab und zu **gingen** beide ins Kino oder sie **organisierten** eine kleine Party für ihre Freunde.

4 Seit ein paar Monaten ist Barbara ans Internet angeschlossen. Durch ihr Interesse für Astrologie hat sie einen Kontakt in Amerika aufgebaut. Zwei- bis dreimal pro Woche **tauschen** die beiden Informationen **aus**. Sie **stellen fest**, dass sie auch andere gemeinsame Interessen haben. Eines Tages steht auf Barbaras Computer-Bildschirm diese Nachricht.

Ich möchte dich gerne persönlich kennenlernen! Ich **komme** am 12. Juni in Deutschland **an**: Flughafen Frankfurt, Ankunftszeit 16.20 Uhr, Flugnummer LH1525. **Hole** mich bitte **ab**.

Heute ist der 12. Juni. Barbara **steht** sehr früh **auf**. Sie **räumt** dann noch schnell die Wohnung **auf**. Dann **zieht** sie ihr schönstes Kleid **an**. Sie ist viel zu früh am Flughafen und denkt sich: Was kann ich jetzt noch machen? Ich kann etwas

einkaufen, ich **rufe** die Anette **an**, und vielleicht sollte ich noch ein Gläschen Cognac trinken! Inzwischen ist es Viertel nach vier und Barbara **guckt** schnell **nach**, ob das Flugzeug schon gelandet ist. Oh, die Maschine ist schon vor zehn Minuten gelandet! Sie eilt zum Ausgang. Einige Passagiere **kommen** schon **heraus**. Einer der Passagiere **kommt** auf sie **zu**. Er ist groß, schlank, trägt eine Brille und hat kurze dunkle Haare. Barbara denkt: Oh, der **sieht** gut **aus**! Aber er **geht** leider an ihr **vorbei**. Sie **schaut** ihm **nach** und merkt gar nicht, dass ein anderer Mann neben ihr steht. Als der Mann sie **anspricht**, **dreht** sie sich **um** und flüstert nur: Ach, du meine Güte …

5 1 Silvia Heise was a clothes designer for the only chain of exclusive boutiques in the DDR; Hella Erler designed dresses made of lace, and Martina-Elvira Lotzmann sold clothes to the families of officers of the Red Army.

2 Hella Erler found that there were no clothes made of lace available in Düsseldorf and Paris.

3 Because Sylvia Heise designed and sold casual clothes for women with a very individual style. Hella Erler identified a gap in the market – there were no clothes made of lace available in the West. Martina-Elvira Lotzmann took the clothes which she could no longer sell after the *Wende* and sold them off in Minsk.

6 1 **Sylvia Heise kommt** aus dem Ostteil Berlins.

2 1990 **arbeitete Sylvia Heise** noch als Designerin.

3 **Hella Erler** kaufte **eine kleine Fabrik** in Altmittweida.

4 **Martina-Elvira Lotzmann übernahm** den Betrieb **nach** der Wende.

5 Die Lager waren voll mit **Hosen und Röcken**.

6 **Sylvia Heise** macht **Klamotten** für Frauen mit **eigenwilligem** Stil.

7 **Martina-Elvira Lotzmann** ist die erste Deutsche mit einem **Rubelkonto**.

8 Inzwischen arbeiten mehr als 30 **Näherinnen** für **Hella Erler**.

7 Here is a suggested summary. Yours will almost certainly be different, but compare them anyway. Pay particular attention to any differences in the word order and in the use of the imperfect tense.

Sylvia Heise kommt aus Ostberlin. Vor der Wende arbeitete sie als Designerin in der DDR. Heute ist sie Firmeninhaberin und sehr erfolgreich. Sie hat ein Musteratelier in einem Mietshaus. Sie macht Klamotten für Frauen mit eigenwilligem Stil.

Hella Erler war berühmt für ihre Kleider aus Spitze. Diese Kleider gab es weder in Düsseldorf noch in Paris. Sie kaufte zusammen mit ihrem Mann eine kleine Fabrik. Heute arbeiten 30 Näherinnen für sie.

Martina-Elvira Lotzmann verkaufte Zivilkleidung an Offiziersfamilien der Roten Armee vor der Wende. Nach der Wende waren die Lager voll mit Hosen und Röcken. Sie flog nach Minsk und verkaufte die Kleider. Heute hat sie neun Geschäfte und war Managerin des Jahres 1993.

8
1 Better eight hours in the office a day than no sleep at all.

2 The impossible gets done straight away, miracles take a bit longer.

3 Everyone here makes us happy: some when they come, some when they go.

4 You don't have to be mad to work here, but it helps.

5 Work is the curse of the drinking classes.

6 He who does a lot of work makes many mistakes; he who does little work makes few mistakes and he who does no work at all makes no mistakes.

Lerneinheit 11　　p73

1
- Ich arbeite für eine Versicherungsgesellschaft.
- Ich bin da schon seit ungefähr fünf Jahren.
- Und was machen Sie jetzt?
- Die Arbeit gefällt mir. Sie ist sehr abwechslungsreich, ich habe ein gutes Einkommen und es gibt gute Aufstiegsmöglichkeiten.
- Aber natürlich gibt es Nachteile.
- Ja, zum Beispiel, ich arbeite über 40 Stunden die Woche – und abends und am Wochenende!
- Was sind Ihre Hobbys?

2 Model answers are provided in *Hörabschnitt 14*, and a written version is in the transcript booklet.

3

1	so ein Zufall	c	such a coincidence
2	ich bin tätig bei	f	I am employed by
3	der Arbeitsplatz war sicher		the job was secure
4	selbstständig	e	self-employed
5	Aufstiegsmöglichkeiten	g	career prospects
6	Nachteile	b	disadvantages
7	Einkommen	a	income
8	im Durchschnitt		on average
9	es ist mir egal	d	it's all the same to me

4 Ach, so ein Zufall! Ich war **bis vor zwei Jahren** auch bei einer Versicherung tätig.

Jetzt bin ich **selbstständig**. Die Arbeit bei der Versicherung hat mir **am Ende** keinen **Spaß mehr** gemacht. Der Arbeitsplatz war zwar sicher, aber die Arbeit war nicht so **abwechslungsreich** und ich hatte **praktisch** keine Aufstiegsmöglichkeiten.

Ah, da haben Sie ja **Glück**. Gibt es denn gar keine Nachteile bei Ihrer Arbeit?

Seitdem ich selbstständig bin, habe ich **kaum** ein freies Wochenende und im Durchschnitt arbeite ich 50 bis 60 Stunden. Aber das ist mir egal, weil mein Beruf **eigentlich** auch mein Hobby ist.

5
1 Companies and government departments have not employed enough people with severe physical disabilities.

2 The Federal Office for Employment has just announced that, as at October 1994, approximately 862,000 jobs were held by people with a severe physical disability.

3 The president, Herr Jagoda, has appealed to employers to give unemployed disabled people a chance to work.

6 Your translation should have turned out like this.

In Germany, companies and public services employ fewer and fewer people with a severe physical disability. The Federal Office for

Employment in Nürnberg announced yesterday that in October 1994 approximately 862,000 jobs were held by people with a severe physical disability. This is an employment rate of four percent. The legal requirement, however, is six percent. So the negative trend of recent years continues. The president of the Federal Office, Herr Jagoda, has appealed to employers to give a chance to unemployed disabled people.

7

		RICHTIG	FALSCH
1		☒	☐
2	Die meisten von ihnen waren Studentinnen.	☐	☒
3		☒	☐
4	Fast alle sind berufstätig und außer Marion hat nur eine andere ein Kind.	☐	☒
5	Claudia hat alles allein geplant.	☐	☒
6	Gabi ist, wie die meisten, Lehrerin geworden.	☐	☒
7		☒	☐
8	Inga und Uli sind inzwischen geschieden.	☐	☒
9		☒	☐
10		☒	☐
11	Die Doppelbelastung von Familie und Beruf ist ein Problem, weil die meisten dieser Frauen auch für den Haushalt zuständig sind.	☐	☒
12		☒	☐

8

	Familie	Arbeit
Inga	• hat Uli geheiratet aber ist jetzt zum zweiten Mal geschieden • hat einen kleinen Sohn	• hat ihr Chemiestudium abgeschlossen • ganztägig bei einer Pharmafirma beschäftigt
Birgit		• hat eine Lehre als Hotelkauffrau gemacht • hat mit 33 Jahren das Abitur nachgemacht

• studiert Psychologie
• hat noch keine Stelle

9

Lieber Uli,

ich habe schon lange nichts von dir gehört. Wie geht's dir so? Erinnerst du dich, dass wir unser Klassentreffen hatten? Das hatten wir für dieses Jahr vereinbart. Es fand nun gestern statt. Stell dir vor, fast alle kamen! Gabi war da, rund und dick jetzt. Sie ist inzwischen nicht mehr Lehrerin. Sie hat zwei erwachsene Kinder. Ihr Mann ist Glasermeister in Tübingen. Inga war auch da. Ich weiss, du erinnerst dich sicher an sie. Sie ist immerhin deine Ex-Frau! Aber es war nett, sie zu sehen. Sie hat inzwischen einen neuen (dritten) Mann und wohnt in Florida. Aber das wirst du sicher wissen. Was noch? Ach ja, Birgit hat eine tolle Karriere gemacht. Du weißt sicher, dass sie zuerst eine Lehre als Hotelkauffrau abgeschlossen hat, sie aber mit 33 das Abitur machte und dann Psychologie studierte? Jetzt arbeitet sie als Lehrerin bei der Volkshochschule in Tübingen. Lehrerin! Wie die meisten von uns. Du solltest sie einmal besuchen. Spielst du noch immer so schön Gitarre??

Lass mal von dir hören,
deine

Marion

Lösungen Thema 4

Lerneinheit 1   p80

1

1 Stefan Krause interessiert sich für Keramik.

2 Uta Ettinger interessiert sich für rhythmische Gymnastik, Tanz und Yoga-Übungen.

3 Susanne Breit interessiert sich für einen Computerkurs und einen Schreibmaschinenkurs.

4 Jutta Wagner interessiert sich für Italienisch.

5 Cornelia Bauer interessiert sich für Afrikanischen Tanz, Trommel, Percussion und Orientalischen Tanz.

6 Pia Lipinski interessiert sich für Orientalischen Tanz.

2

1 Stefan Krause hat Keramik gewählt, weil es kreativ und direkt ist. (Es ist nicht abstrakt.)

2 Uta Ettinger hat rhythmische Gymnastik, Tanz und Yoga-Übungen gewählt, weil es gesundheitlich sehr gut tut, weil sie Spaß daran hat und sie es für ihren Rücken braucht.

3 Susanne Breit hat einen Computerkurs und einen Schreibmaschinenkurs gewählt, weil sie ihre Stelle wechseln möchte und sie dafür Computerkenntnisse braucht.

4 Jutta Wagner hat Italienisch gewählt, weil sie in das Land reisen möchte und weil sie gerne die grundlegenden Wörter sprechen möchte.

5 Cornelia Bauer hat Afrikanischen Tanz, Trommel, Percussion und Orientalischen Tanz gewählt, weil sie sich gern bewegt und weil sie sich für diese Tanzform interessiert.

6 Pia Lipinski hat Orientalischen Tanz gewählt, weil ihre Freundin sie dazu überrredet hat.

3

1 This course is aimed at those who hate parties where people just sit around.

2 This course is for beginners („*Keine Vorkenntnisse erforderlich.*").

3 The course will take place on Thursdays, 5–7 pm, from 16th February.

4 The course takes place weekly on 14 evenings.

4

Der Beratungsabend findet am **Dienstag**, den **24. Januar**, im **Schwabenhaus** statt. Sie können aber auch mit Frau **Walser** telefonieren. Ihre Telefonnummer ist **5603–36**. Sie organisiert dann einen Termin für individuelle **EDV**-Beratung.

Die EDV-Kurse finden in der Geschwister-Scholl-Schule, in der Gewerblichen Schule und in der Kaufmännischen Schule statt. Die Räume sind für **Rollstuhlfahrer** zugänglich.

5

1 Dieser Kurs ist für Kinder*.

2 Sie werden den Wald und seine Bewohner – Bäume, Blumen, Farne, Moose, Vögel und anderen Tiere – kennen lernen.

3 Ja, Erwachsene können sich auch anmelden

4 Der Treffpunkt wird bei der Anmeldung mitgeteilt.

*This is an exception. *Volkshochschule* courses are usually for adults.

6

Mutter	Grüß Gott, Frau Kelber. Sie **bieten** einen Kurs für Kinder **an**, ist das richtig?
Frau Kelber	*Das stimmt. Er heißt „die Wunderwelt des Waldes".*
Mutter	Können Sie mir bitte nähere Auskünfte geben? Was machen Sie in diesem Kurs?
Frau Kelber	*In diesem Kurs **gehen** wir im Wald **spazieren**. Wir möchten Bäume, Blumen und Tiere besser **kennen lernen**.*
Mutter	Danke schön. Und wann **finden** die Spaziergänge **statt**?

Frau Kelber	*Am siebten April, am fünften Mai, am neunzehnten Mai und am sechzehnten Juni.*
Mutter	Tja, das klingt ganz toll. Und wer darf an diesem Kurs **teilnehmen**?
Frau Kelber	*Kinder von sechs bis zwölf. Aber auch interessierte Erwachsene können sich gerne **anmelden**.*
Mutter	Also, ich möchte meine zwei Kinder für Ihren Kurs **einschreiben**.
Frau Kelber	*Das freut mich. Das können Sie nächste Woche bei der Anmeldung machen.*
Mutter	Wo ist der Treffpunkt für den ersten Spaziergang?
Frau Kelber	*Den Treffpunkt kann ich erst nächste Woche bei der Anmeldung **mitteilen**.*

7 Model answers are given in *Hörabschnitt 2*, and the written version is in the transcript booklet.

8 Letztes Jahr **habe** ich einen Gymnastikkurs **gemacht**. Ich **habe** mich in der letzten Minute **eingeschrieben**, weil meine Freundin sich auch **angemeldet hat**. Es **hat** meinem Rücken gut **getan**, und es **hat** auch Spaß **gemacht**. Ich **habe** viele interessante Menschen **kennen gelernt**.

9
1 This open letter has been written to students at the *Volkshochschule*.
2 The achievements outlined are that there are many students and events and also that the *VHS* provides a venue for meeting others: this is a contribution to social stability in times of change.
3 The *VHS* covers 70% of costs through the fees which it charges.
4 If the subsidies were cut, fees would have to be increased.
5 Readers of the letter are encouraged to take discussion of the possible cuts into all levels of society.

Lerneinheit 2   p87

1 Hans-Peter Baumeister mentions his hobbies in the following order:
1 Theaterspielen 2 die Kulissen bauen 3 Regie selber machen 4 Zeit mit den Kindern verbringen 5 schwimmen; 6 Fahrrad fahren 7 kleine Ausflüge machen 8 die Modelleisenbahn aufbauen 9 basteln

2
1 Renate Baumeister geht „walken" durch den Wald (**'nen Wald in der Nähe …**).
2 Sie macht „walken" mit ein paar Frauen („… **da treffen sich immer ein paar Frauen** …").

Note that ein paar *means 'a few'. If it had a capital P, it would mean 'a pair'.*

3 Frau Baumeister geht „walken" so zweimal in der Woche.
4 Sie wandert gern im Gebirge (**Hier in unserer Nähe …**).

3
1 Max Baumeister spielt Hockey und Geige.
2 Er will Torwart sein, weil er so gut ist (spielt).
3 Er kennt sich so gut mit der Torwartausrüstung aus.

4
1 Dorothea Vogel likes going to the cinema.
2 She likes going to cafés.
3 She likes going out for a meal.

5
1 Sie liest gern.
2 Sie hört gern Musik.
3 Sie reist gern.
4 Sie unterhält sich gern.
5 Sie geht gern ins Kino.
6 Sie trifft sich mit Freunden in der Kneipe.
7 Sie spielt in einer Theatergruppe/einer englischsprachigen Theatergruppe.
8 Sie reist in den Semesterferien.

6 Frau Frenken has visited Turkey and Switzerland. She visited Turkey last year, and in the winter went on a trip on the 'Glacier express'.

7

1 Günter Leypoldt fährt gern auf Urlaub nach Afrika und Europa.

2 Er würde gerne öfters ins südliche Afrika fahren, wenn es nicht so teuer wäre.

8

Holiday	Has done this	Dreams about this
Skifahren	☒	☐
Südafrika	☐	☒
Südamerika	☐	☒
Kanada	☐	☒

9

	RICHTIG	FALSCH
1 Hans-Peter Baumeister hat relativ wenig Freizeit.	☐	☒
2	☒	☐
3 Dorothea Vogel geht selten (nicht allzu häufig) ins Café.	☐	☒
4	☒	☐
5 Margot Frenken meint, dass die Türken unwahrscheinlich gastfreundlich sind.*	☐	☒
6 Günter Leypoldt findet Afrika faszinierend und er war schon (mal) da (dort).	☐	☒
7 Peter Bosch hat keine Angst vor größeren Reisen (Peter Bosch möchte sehr gern reisen).	☐	☒

* In this context, *unwahrscheinlich* means 'very', 'extremely'.

10

1 Die übrige Zeit versuche ich, mit meinen Kindern zu verbringen.

2 Hier in unserer Nähe befindet sich ein kleines Gebirge.

3 Weil es einfach ein paar schöne Cafés oder Gaststätten gibt.

4 Abends hat man dann keine Energie mehr.

11

Your answers may differ from these, but should cover the same points.

1 Alice Kurz ist Studentin und hat viele Hobbys. Sie liest gern, hört gern Musik und in den Ferien reist sie gern. Sie spielt in einer englischsprachigen Theatergruppe. In den Semesterferien arbeitet sie, und abends hat sie dann keine Energie mehr.

2 Im Winter fährt Peter Bosch gern Ski. Er würde gern auch im Sommer reisen, nach Südafrika, Südamerika oder Kanada. Er hat Freunde in Südamerika und in Kanada, und er würde sie gern besuchen. Aber er hat keine Zeit, sie zu besuchen.

12

1 Wenn ich mehr Zeit hätte, würde ich die Modelleisenbahn aufbauen.

2 Wenn ich mehr Zeit hätte, würde ich mich öfters mit Freunden in der Kneipe treffen.

3 Wenn ich mehr Zeit hätte, würde ich eine Fahrt mit dem Glacierexpress machen.

4 Wenn ich mehr Zeit hätte, würde ich öfters mal nach Afrika fliegen.

5 Wenn ich mehr Zeit hätte, würde ich Freunde in Kanada besuchen

Lerneinheit 3 p92

1

1 Herr Dobler used to go walking every Saturday and Sunday.

2 He no longer walks as much because his wife can't walk well any more.

3 He and his friend also go walking in the Black Forest (Schwarzwald).

2

Herr Kost says that *Wandern* is such a popular pastime because people want to get to know their home area better and cars allow people to reach places which are further away. He also says that *Wandern* is perceived as being good for your health.

3

The second reason why Herr Dobler likes *Wandern* is that he likes talking with people while he is walking.

4

Herr Utz explained that the bells were rung in Hagelloch at eleven o'clock so that the farmers' wives knew when it was time to go home to get the midday meal ready.

5

1 Herr Dobler said that he was a member of the Schwäbische Albverein.

2 Herr Dobler said that he used to walk every Saturday and Sunday.

3 Herr Kost said that walking is a popular pastime.

4 Herr Kost said that walking is a healthy activity.

5 Herr Dobler said that he enjoys the countryside, whether high in the mountains or here in the Schwäbische Alb.

6

1 Ich **gehe** sehr oft wandern.

2 Aber ich **habe** einen Kameraden, mit dem ich viel auf der Alb bin, oder im Schwarzwald, oder wohin es uns eben **zieht**.

3 Die Leute **haben** mehr Zeit für sich selbst als früher und **benutzen** dann eben diese Freizeit auch dazu, eher ihre Heimat näher, besser **kennen zu lernen** als vorher.

4 Und dann, wenn ich unterwegs **bin**, mit meiner Frau oder mit Kameraden oder auch in der Gruppe im Albverein, das Gespräch mit anderen zu **führen**, mit Gleichgesinnten und so weiter: also, ich **genieße** das immer und **pflege** das sehr.

7

Ich **bin** sehr gern wandern **gegangen**. Ich **bin** Mitglied des Schwäbischen Albvereins **gewesen**, und ich **habe** das **ausgenutzt**. Ich **habe** immer die Natur **genossen**. Jetzt **haben** wir es ein klein bisschen **eingeschränkt**. Ich **habe** einen Kameraden **gehabt**, mit dem ich gute Gespräche **geführt habe**.

8

Als die Bauern in den Feldern **arbeiteten**, **hörten** sie die Glocken von Hagelloch. Die Glocken **läuteten** immer um elf Uhr. Dann **wussten** die Bauernfrauen, dass sie nach Hause **mussten**. Dort **machten** sie das Mittagessen. Als die Männer nach Hause **kamen**, **stand** alles schon auf dem Tisch.

9

1 **b** William Morgan invented the game of volleyball in a YMCA sports hall.

2 **b** The game was first called Mintonette.

3 **a** The game gained popularity first in North America.

10

1 1895 The very first game of volley ball was played.

2 1947 International Volleyball Association founded in Paris.

3 211 Number of national associations in existence today.

4 160 Millionen Number of active members of national associations worldwide.

5 1964 Volleyball became an official Olympic sport.

6 1995 100th anniversary of the invention of the game.

7 1955 German Volleyball Association founded in Kassel.

8 450 000 Number of German Volleyball Association members today.

9 6 Millionen Number of Germans who play volleyball, though not all in clubs.

10 2 Millionen Number of Germans who play volleyball regularly.

11

Als William G. Morgan in der YMCA-Sporthalle mit seinen Schülern **spielte**, **wusste** er nicht, dass das von ihm erfundene Spiel bald weltberühmt sein würde. Das Spiel **hieß** zunächst „Mintonette"; bald **wurde** es aber „Volleyball" genannt. Es **machte** in Nordamerika raschen Fortschritt, und nach und nach **verbreitete** sich das Spiel auch in Asien und in Europa. Nach dem Zweiten Weltkrieg **fingen** die Staaten Osteuropas, Japan und Korea **an**, die moderne Technik zu entwickeln.

12

Infinitive	Ist person Present	Imperfect	Perfect
anfangen	ich fange an	ich fing an	ich habe angefangen
arbeiten	ich arbeite	ich arbeitete	ich habe gearbeitet
gehen	ich gehe	ich ging	ich bin gegangen
genießen	ich genieße	ich genoss	ich habe genossen
haben	ich habe	ich hatte	ich habe gehabt
heißen	ich heiße	ich hieß	ich habe geheißen
kommen	ich komme	ich kam	ich bin gekommen
sein	ich bin	ich war	ich bin gewesen
spielen	ich spiele	ich spielte	ich habe gespielt
stehen	ich stehe	ich stand	ich habe gestanden
werden	ich werde	ich wurde	ich bin (ge)worden
wissen	ich weiss	ich wusste	ich habe gewusst
ziehen	ich ziehe	ich zog	ich habe gezogen

13 Here is a suggested version.

Gestern

Von Beruf bin ich Büroleiter(in). Normalerweise beginnt mein Tagesablauf so um acht Uhr. Gestern war ein anstrengender Tag. Als ich im Büro angekommen bin, habe ich zuerst Kaffee getrunken. Anschließend habe ich die Post gelesen und viele Termine vereinbart. Dann habe ich die Korrespondenz erledigt. Den ganzen Tag über gab es Besprechungen (hat es Besprechungen gegeben). Deshalb hatte ich keine Zeit zum Spazierengehen in der Mittagspause. Nach Feierabend aber habe ich Volleyball gespielt. Der Verein ist alt. Er liegt am Rande der Stadt und wurde 1960 gegründet. Ich habe dort viele Freunde getroffen und mich entspannt. Später bin ich todmüde ins Bett gefallen.

Lerneinheit 4   pI0I

1

1 Herr Hartmann war mal in **Frankreich** und in **Italien**.

2 Frau Rautenberg-Wolf ist in den letzten Jahren immer wieder gern in **die Toskana** gefahren.

3 Frau Patzwahl war letztes Jahr in **der Schweiz**, und den Urlaub vorher war sie in **Frankreich**. Dieses Jahr hat sie vor, nach **England** zu fahren.

4 Frau Storr war in den letzten Jahren in **Österreich**.

2

1 for half a year *für ein h...*

2 in the last few years *in den letzten Jahren*

3 last year *letztes Jahr*

4 in the summer *im Sommer*

5 in the spring *im Frühjahr* (she could have said *im Frühling*)

6 this year *dieses Jahr*

3

1 Ich habe einen kleinen Sohn, und da ist es einfach, für Kinder ist es sehr schön, so frei in der Natur draußen, **zu leben** und **zu kochen** und **rumzuwursteln**.

2 Dieses Jahr haben wir vor, nach England **zu fahren**. Ich weiß nicht, ob im Sommer, oder vielleicht jetzt im Frühjahr, und zwar Freunde **besuchen**.

3 Wenn man eine Familie hat, hat man nicht so die Möglichkeiten, am Atlantik **zu surfen**.

4 Waren wir in Österreich, paar mal, und ja, da kann man sich selbst **versorgen**, und kann die Kinder springen **lassen**.

4 Wo machen Sie dieses Jahr Urlaub?

1 Herr Lunau möchte an die Atlantikküste („... *ihn zieht es an die Atlantikküste.*").

2 Herr und Frau Müller fahren nach Südamerika (Brasilien).

3 Herr Zimmermann macht keinen Urlaub („... *hat sich keinen Urlaub vorgenommen.*").

4 Am liebsten fährt Herr Lunau mit seiner Frau auf einen Campingplatz.

5 An der Küste kann man Strandspaziergänge machen, baden und brandungsangeln.

6 Herr und Frau Müller fahren nach Brasilien, weil Anfang August dort eine Zoodirektoren-Tagung ist.

7 Sie sind auf den Urwald und auf die Kultur gespannt.

8 Herr Zimmermann sitzt das ganze Jahr an seinem Schreibtisch.

9 Er arbeitet an einem Stück für die Dresdner Philharmonie.

5 I [...] meinen Urlaub nutzen, um zu [...]

2 Helmut Lunau fährt an die Atlantikküste, um baden und angeln zu gehen.

3 Peter Müller fährt nach Brasilien, um an einer Tagung teilzunehmen.

4 Udo Zimmermann bleibt in Leipzig, um an einem Stück für die Dresdner Philharmonie zu arbeiten.

6 I Ich fahre nächstes Jahr **nach** Frankreich.

2 Helmut Lunau zieht es **an** die Atlantikküste.

3 In den letzten Jahren bin ich immer wieder gerne **nach** Italien gefahren.

4 Wenn man eine Familie hat, hat man nicht so Möglichkeiten, **an** den Atlantik zu fahren. Man geht **in** eine Ferienwohnung.

5 Peter Müller fährt **in** den Süden, **nach** Sao Paulo.

6 Ich fahre gern **in** die Berge **zum** Wandern.

7 Peter Müller hat vor, **in** den Urwald zu gehen.

7 I Wir fahren **auf** die schottischen Inseln.

2 Wir fahren **an** die Nordsee.

3 Wir fahren **an** die Donau.

4 Wir fahren **nach** Berlin.

5 Wir fahren **nach** Osten.

6 Wir fahren **nach** Frankreich.

7 Wir fahren **zu** unseren Freunden.

8 Wir fahren **in** den kalten Norden.

9 Wir fahren **in** die Türkei.

10 Wir fahren **zum** Gewandhaus.

8 I Im März haben wir vor, in die Toskana zu fahren.

2 Im Sommer habe ich vor, in die Schweiz zu fahren.

3 Nächstes Jahr hat mein Sohn vor, in den Schwarzwald zu fahren.

4 Im Herbst haben wir vor, in die Berge zu gehen.

5 Am Wochenende hat meine Tochter vor, nach Prag zu fahren.

6 Zu Ostern habe ich vor, zu meinen Verwandten in Bayern zu fahren.

9 Here is a possible version. Yours will almost certainly be different.

Liebe Frau Nestler,

vor einer Woche sind wir an die Atlantikküste gefahren. Wir sind hier auf einem schönen Campingplatz direkt am Meer. Wir haben Ausflüge nach Spanien und in die Pyrenäen gemacht. Wir sind nach Biarritz gefahren, wo wir die Altstadt besichtigt haben. Am Wochenende haben wir vor, nach England zurückzufahren.

Viele Grüße von
Ihrer Familie West

10

Z	I	K	E	T	T	E	L	I	O	T	R
R	T	E	L	L	E	R	Ö	J	L	N	U
E	D	A	H	P	M	N	F	Y	R	E	C
N	U	R	L	A	U	B	F	V	Ä	G	K
F	S	G	Q	P	Ü	B	E	N	X	A	S
F	C	W	O	Z	G	Ö	L	Z	O	W	A
Ö	H	T	T	Y	L	N	D	Ü	Ö	N	C
N	E	I	A	R	E	M	I	E	E	H	K
E	T	E	S	H	C	Ü	B	P	A	O	B
S	W	A	S	C	H	R	A	U	M	W	C
O	F	V	E	T	V	I	V	U	E	A	D
D	K	C	A	S	F	A	L	H	C	S	C

die Büchse tin, can

der Campingplatz campsite

der Dosenöffner can opener

die Dusche shower

der Eimer bucket

der Löffel spoon

der Rucksack rucksack, backpack

der Schlafsack sleeping bag

die Tasse cup

der Teller plate

die Toilette toilet, lavatory

der Urlaub holiday

der Waschraum wash room

der Wohnwagen caravan

Lerneinheit 5 p109

1

2 insurance *Versicherung*

3 deposit *Anzahlung*

4 meals *Verpflegung*

5 what is included *Leistungen*

6 tour guide *Reiseleitung*

7 if desired *auf Wunsch*

8 on request *auf Anfrage*

2

German phrase	German abbreviation	English equivalent
1 idyllische Lage	idyll. La	*idyllic position*
2 Übernachtung mit Frühstück	ÜF	*B&B*
3 Prospekt anfordern	Prosp. anf.	*brochure on request*
4 Kinderermäßigung	Kinderermäßig.	*reduction for children*
5 im Naturpark Bayerischer Wald	i. Naturpark Bayr. Wald	*in the Bayerische Wald (Bavarian Forest) Natural Park*
6 Halbpension	HP	*half board*
7 Vollpension	VP	*full board*
8 Einzelzimmer-zuschlag	Einzelzimmer-zuschl.	*single room surcharge*
9 pro Person	pr. Pers.	*per person*
10 Komfort-Zimmer	Komf.-Zi	*rooms with all mod. cons.*
11 Familie	Fam.	*family*
12 Liegewiese	Liegew.	*lawn for sunbathing*
13 eine Woche	1 Wo.	*one week*
14 Pauschalpreis	Pauschalpr.	*package deals*
15 Telefon	Tel.	*telephone*

3

1 quiet location *Ruh. Lage*

2 rooms with shower and toilet *Zi. m. Du./WC*

3 free use of *freie Ben. (= freie Benutzung).*

4 lawn for sunbathing *Liegew.*

5 home-reared meat *eig. Schlachtg. (= eigene Schlachtung)*

6 heated pool near the house *geheizt. Schw'bad b. Hs.*

7 bowling alley *Bundeskegelb. (= Bundeskegelbahn)*

8 indoor pool *Hallenb.*

9 bed and breakfast *ÜF*

10 reduction for children *Kindererm.-Preis*

4

	Bauernhof-Pension Brandt	Bauernhof-Pension Tilly
1 Gibt es Tiere auf dem Hof?	☒	☒
2 Gibt es ein Freibad?	☒	☐
3 Kann man Kutschfahrten machen?	☒	☐
4 Gibt es Kunstkurse?	☐	☒
5 Gibt es Zimmer, in denen man sich auch tagsüber aufhalten kann (z.B. bei Regen)?	☒	☐
6 Darf man sein eigenes Essen in der Küche zubereiten?	☐	☒
7 Ist das Fleisch aus eigener Schlachtung?	☒	☒
8 Haben die Zimmer eigene Dusche und WC?	☒	☐
9 Kann man eine Ferienwohnung mieten?	☐	☒

5

Sehr geehrte Familie Brandt,
im Sommer **haben wir vor**, nach Deutschland **zu fahren**. Wenn möglich **möchten wir** zwei Wochen auf einem Bauernhof **verbringen**. Voraussichtlich **brauchen** wir zwei Doppelzimmer. **Wir hätten** gern Zimmer mit eigenem Bad.

Wir haben vor, England am 6. Juli **zu verlassen**, und in Deutschland am 8. Juli **anzukommen**. **Wir könnten** aber auch ein paar Tage später **ankommen**, wenn es Ihnen besser passt. **Wir müssen** aber am 22. Juli **abreisen**, um unsere Fähre nicht **zu verpassen**.

In einem Ferienmagazin **haben wir** eine Ihrer Anzeigen **gesehen**, und wir würden uns sehr freuen, wenn wir bei Ihnen Unterkunft finden **könnten**. Haben Sie im Juli zwei Zimmer frei? Bitte schicken Sie uns Ihre Preisliste. Wir freuen uns auf Ihre Antwort.

 Mit freundlichem Gruß,

 Familie _____

6 Here are the sentences you should have drafted.

 1 Wir haben vor, nächstes Jahr nach Deutschland zu fahren.

 2 Wir möchten unsere Ferien auf einem Bauernhof verbringen.

 3 Wir möchten am 8. Juli ankommen.

 4 Wir müssen am 22. Juli abreisen.

 5 Haben Sie zwei Zimmer frei?

 6 Haben die Zimmer ein eigenes Bad?

 7 Gibt es ein Freibad?

7 Model answers are provided in *Hörabschnitt 6*, and a written version is in the transcript booklet.

8 Model answers are provided in *Hörabschnitt 7*, and a written version is in the transcript booklet.

9 Your letter should have been something like this.

Liebe Familie Werner,
 viele herzliche Grüße von diesem wunderschönen westfälischen Bauernhof!
 Wir **sind** vor zehn Tagen hier **angekommen**, und wir **haben** herrliche, ruhige Tage **verbracht**. Wir **sind** viel **Rad gefahren**, wir **haben** wunderbare Spaziergänge **gemach**t, und wir **haben** diese reizvolle Gegend **erforscht**. Wir **haben** das eindrucksvolle Hermannsdenkmal **besichtigt**, und **haben** uns das Freilichtmuseum in Detmold **angeschau**t. Dort **haben** wir **zugeschaut**, wie man Roggenbrot bäckt, und wir **haben** selber **ausprobiert**, wie man Kühe mit der Hand melkt. Die frische Milch **hat** sagenhaft **geschmeckt**.
 Als wir **angekommen sind**, war es noch kühl, aber seit einer Woche haben wir schönstes Sommerwetter. Gestern **hat** es zwar **gedonnert**, und es **hat** kurz ganz heftig **geregnet**. Aber als wir heute früh **aufgewacht sind**, war es wieder warm und sonnig.
 Wir hoffen, es geht Ihnen gut.
 Viele liebe Grüße

 Ihre Familie _____

Lerneinheit 6 p117

1

 1 Der Herr mag das Lied, weil er es auf seiner Hochzeitsreise gehört hat.

 2 Sonja war am Telefon, als Thomas Bettina angerufen hat.

 3 Thomas ist glücklich, weil der Herr ihm 50 DM gegeben hat.

 4 Thomas möchte kein Geburtstagsgeschenk für Kai kaufen, weil er ihm schon etwas gekauft hat.

 5 Als Thomas mit Bettina am Telefon sprach, hat Sonja die Wohnung verlassen. (Sie ist aus der Wohnung hinausgegangen).

 6 Am nächsten Tag sind Bettina und Thomas in die/eine Kunstgalerie, und dann in ein Café gegangen.

 7 Bettina hat Apfelstrudel im Café gegessen.

 8 Im Frühling hat Thomas vor, mit Kai wandern zu gehen.

 9 Bettina dachte an die Warnung von Sonja. (Bettina dachte daran, dass Thomas auch Sonja mal eingeladen hatte, wandern zu gehen).

10 Am nächsten Wochenende ist es eine Party bei Orhan.

11 Sonja entschuldigte sich dafür, dass sie am Telefon so unhöflich war (dass sie so unhöflich war/gewesen ist).

12 Es passt Sonja nicht, weil sie auch eingeladen ist, und sie möchte mit Thomas nichts zu tun haben.

13 Am Ende der Folge ist Sonja wütend. Sie rennt aus dem Zimmer hinaus, und sie knallt die Tür zu.

2 The expressions missing from the transcript are shown here with their English translation.

 1 *zum ersten Mal* for the first time

 2 *schon lange nicht* not for a long time

 3 *ewig nicht*   not for ages

3

	RICHTIG	FALSCH
1 „*im Toilettenspülkasten ist ein Wasserstop eingebaut …*"	☐	☒
2	☒	☐
3 „*… im Urlaub verschwenden manche keine Gedanken an die Umwelt …*"	☐	☒
4	☒	☐

4

	RICHTIG	FALSCH
1 „*Nichts ist unmöglich: Kasseler mit Kartoffelsalat in Palma de Mallorca und Weißwürste am Strand …*"	☐	☒
2 „*Nachmittags zum Kaffee darf's ein Stück Original Schwarzwälder Kirschtorte sein.*"	☐	☒
3 „*Die meisten Zutaten für die typisch deutsche Küche müssen eingeflogen … werden.*"	☐	☒
4	☒	☐

You may have noticed how abbreviated forms are used in this text: it says *wenn's doch heiß ist* instead of *wenn es* or *zum Kaffee darf's* instead *zum Kaffee darf es*. Such abbrevations are common in spoken language, which is reflected here in the style of the magazine.

5

1	daheim	zu Hause
2	in den Ferien	im Urlaub
3	ganz lang duschen	dauerduschen
4	schrecklich riecht	fürchterlich stinkt
5	macht viel Lärm	knattert
6	alles ist möglich	nichts ist unmöglich
7	als Kleinimbiss	für den kleinen Hunger zwischendurch
8	fast alles, was zum Kochen benötigt wird	die meisten Zutaten

9 müssen mit dem Flugzeug gebracht werden   müssen eingeflogen werden

6

1 On holiday you should avoid buying those souvenirs made in the Far East. „*Du solltest … um Massenandenken made in Fernost einen großen Bogen machen und auch exotische Angebote aus Elfenbein, Teakholz oder Koralle … liegen lassen.*"

2 You should look for locally made souvenirs so as to support local artists and craftsmen (local people who are dependent on tourists). „*Mit einem Andenken von dort unterstützt du die Leute, die von den Touristen wie dir abhängig sind.*"

Note how the writers use the '*du*' form here, This is not common practice but belongs to this particular magazine style.

7

1 If you want to get to know the local cuisine, you should not turn up your nose if something smells unusual, or it's not easy to see exactly what dishes are made of. „*Also nicht die Nase rümpfen, wenn es ungewohnt riecht und die Gerichte undefinierbar aussehen.*"

2 You will get better quality from farmers in the market, or from the butcher or village baker. „*… was du brauchst, bekommst du in besserer Qualität frisch vom Bauern auf dem Markt, beim kleinen Metzger oder beim Dorfbäcker.*"

8 **Souvenirs**

Sicher willst du dir eine Erinnerung an die schöne Zeit mit nach Hause nehmen, und darauf brauchst du auch als **„Öko-Reisender"** nicht verzichten. Du solltest nur um die gängigen Souvenirläden mit **Massenandenken** made in Fernost einen großen Bogen machen und auch exotische Angebote aus **Elfenbein**, Teakholz oder Koralle links liegen lassen. Viel reizvoller ist es, wenn du die malerischen, engen Gassen deines Urlaubortes nach den oft versteckt liegenden Läden und **Werkstätten** von einheimischen Handwerkern und Künstlern durchstöberst. Mit einem Andenken von dort unterstützt du die Leute, die von **Touristen** wie dir abhängig sind.

Tischleindeckdich

Zum Kennenlernen von Land und Leuten gehört die landestypische Küche. Also nicht die Nase rümpfen, wenn es **ungewohnt** riecht und die Gerichte undefinierbar aussehen. Der **Öko-Tourist** isst, was im Lande angebaut wird und möglichst aus der näheren Umgebung stammt. Deshalb Augen auf und in die Kneipen und Restaurants gehen, die auch die **Einheimischen** bevorzugen. Dasselbe gilt auch bei Selbstverpflegung im Campingplatz oder in der **Jugendherberge**: Der Supermarkt voll mit bekannten Marken sollte für dich tabu sein – was du brauchst, bekommst du in besserer Qualität frisch vom **Bauern** auf dem Markt, beim kleinen Metzger oder beim Dorfbäcker. Außerdem macht es unheimlich viel Spaß, beim Kochen zu experimentieren und **unbekannte** Gewürze auszuprobieren.

9 Meine liebe Ute,

sicher freust du dich auf deinen Urlaub in Mallorca. Hast du schon alles gepackt? Ich kenne Mallorca gut und möchte dir folgendes sagen: **Denke** an die Umwelt! **Bade** nicht zu oft, sondern **dusche** lieber. Das spart Wasser. **Iss** nicht nur Schwarzwälder Kirschtorte oder Weißwürste. Die meisten Zutaten für die deutsche Küche müssen extra eingeflogen werden. **Iss**, was die Einheimischen essen. **Rümpf** nicht die Nase, wenn es ungewohnt riecht oder wenn mal etwas undefinierbar aussieht. Und noch eins: **Kaufe** nicht Andenken aus dem Fernen Osten, die aus Teakholz oder Elfenbein sind, sondern **kaufe** Andenken von einheimischen Künstlern oder Handwerkern.

Viel Spaß und **komm** gut wieder nach Hause.

Deine Tante Anna

10 This is one example – how much of this vocabulary did you manage to include?

Liebe Anna,

viele Grüße aus Mallorca. Wir sind vor einer Woche hier angekommen und wohnen in einem sehr schönen Hotel direkt am Strand. Es gefällt uns prima hier. Es gibt viele malerische, enge Gassen und oft versteckt liegende kleine Läden. Die landestypische Küche ist sehr gut. Um die vielen Souvenirläden muss man einen großen Bogen machen. Wir kaufen nur von

einheimischen Künstlern und keine Andenken aus dem Fernen Osten. Der Supermarkt ist voll mit bekannten deutschen Marken. Dort kann man Schwarzwälder Kirschtorte kaufen und sogar Weißwürste. Die landestypischen Restaurants dagegen bieten die beste Qualität frisch vom Markt. Ich werde bestimmt wiederkommen.

Deine …

Lerneinheit 7   p126

1 1b 2b 3a 4b

2 The adjectives which appear in the article are *ausufernd groß*, *überschaubar*, *rege*, *reizvoll*, *sanft*, *uralt*, *mächtig*, *schläfrig*, and *fröhlich*.

3
1 Osnabrück ist eine reizvolle und überschaubare City – und voller interessanter Bauwerke.
2 Die Lage ist reizvoll.
3 Die Stadt selbst liegt in einer sanften Talmulde.
4 Die Stadt war früher Kreuzungspunkt wichtiger Handelsstraßen.
5 mächtige Wehrtürme
6 ein Rundgang durch die Stadt
7 ganz im Gegenteil
8 Es ist eine wahre Fundgrube.

4
1 Immerhin **gründete** Karl der Große die Stadt schon vor 1 200 Jahren.
2 Es **handelt** sich um eine gemütliche, überschaubare und doch sehr rege Stadt.
3 Auf dem Grünstreifen des Innenstadtrings **stehen** mächtige Wehrtürme.
4 Das **sorgt** für viel Kultur.
5 Die große Einkaufsstraße **nennt** sich einfach Große Straße.

5
1 York ist seit 306 eine wichtige Stadt.
2 Die Römer gründeten die Stadt vor fast zweitausend Jahren.
3 Ein Wehrturm steht seit 1 600 Jahren.
4 Viele Straßen in der Altstadt bestehen seit dem Mittelalter.

5 Das Münster, ein Hauptwerk der gotischen Baukunst, wurde vor siebenhundert Jahren gebaut.

6 Manche Glasfenster wurden vor achthundert Jahren bemalt.

7 Seit 30 Jahren geben die Studenten der Stadt ein jugendliches Flair.

6 Here are some suggestions for sentences about York – yours should be fairly similar.

1 Mit 100 000 Einwohnern ist York nicht zu provinziell, aber auch nicht ausufernd groß.

2 Die Stadt ist geschichtsreich aber – dank der vielen Studenten – nicht schläfrig.

3 Die Römer kamen im Jahre 71 nach York (sind im Jahre 71 gekommen).

4 Die Lage ist reizvoll – im Norden weiten sich die „Moors" bis zur Küste; im Westen erheben sich die „Dales".

5 York wurde am Kreuzungspunkt wichtiger Handelsstraßen gebaut.

6 Sehenswert sind das Münster, die Stadtmauer und die vielen lebendigen Museen.

7 Der Bahnhof wurde 1873 gebaut.

8 Die ersten Studenten kamen 1963 nach York (sind im Jahre 1963 gekommen).

Note that 'minster' is translated here as *das Münster*, but you could also have used *der Dom* or *die Kathedrale*.

7
1 York liegt in Nordengland.

2 Das Münster ist ein Hauptwerk der gotischen Baukunst und das größte gotische Bauwerk nördlich der Alpen.

3 Im Nationalen Eisenbahnmuseum kann man Europas größte Sammlung von Lokomotiven sehen.

4 Man kann gut auf der Stadtmauer spazieren gehen.

5 York ist für seine Gastfreundlichkeit berühmt.

8 Model answers are provided in *Hörabschnitt 9*, and the written version is in the transcript booklet.

Lerneinheit 8   p132

1 This is the correct order for the points as mentioned in the *Hörbericht*:

1b   2f   3d   4a   5g   6e   7c

2

		RICHTIG	FALSCH
1		☒	☐
2		☒	☐
3	Das Alumnat ist das Wohngebäude. Die Jungen essen und schlafen im Alumnat.	☐	☒
4		☒	☐
5	Sie stehen um 5.45 Uhr auf.	☐	☒
6	Die Thomaner essen gern Rotkraut und Erbsen, Schnitzel, mehr Fleisch als Eintopf.	☐	☒
7	Schulunterricht gibt es nur morgens in der Thomasschule.	☐	☒
8		☒	☐
9		☒	☐
10		☒	☐

3
1 Man muss wissen, dass der Thomanerchor die erste kulturelle Institution und damit die **älteste** der Stadt Leipzig ist.

2 Sein **berühmtester** Kantor oder Leiter war Johann Sebastian Bach.

3 Also, ich denke, die Freunde, die man hier hat, und einfach die Musik, das **Wichtigste**, einfach, das Singen im Chor.

4 Also, das **Schönste** ist, wenn man zum Beispiel Theorie hat.

5 Und das **Schlimmste**? Eigentlich gibt's nicht Schlimmes.

4
1 Die **jüngsten** Buben im Thomanerchor sind neun Jahre alt.

2 Die Thomasschule ist die **älteste** Schule der Stadt Leipzig. Im Jahre 1254 wird sie zum ersten Mal erwähnt.

3 Für die Proben ist die **größte** Konzentration notwendig.

4 Der **bedeutendste** Kantor des Thomanerchors war Johann Sebastian Bach.

5 Das **beliebteste** Mittagessen im Alumnat besteht aus Schnitzel mit Rotkraut und Erbsen.

5

1 Das **Schönste** für die Thomanerbuben ist, jährlich die großen Passionen und das Weihnachtsoratorium von Johann Sebastian Bach gemeinsam mit dem Gewandhaus-Orchester aufzuführen.

2 Das **Schwierigste** für die jungen Thomaner ist, weg von den Eltern leben zu müssen.

3 Das **Interessanteste** für die Thomaner ist, auf Konzertreisen ins Ausland zu gehen.

4 Das **Schlimmste** ist, wenn man zu spät zur Probe erscheint.

6

1 Benjamin steht in der zweiten Reihe, Mitte.

2 Das Orchester des Gewandhauses und die Solisten kommen auch noch zu der Kantaten-Probe.

3 Benjamin ist ein „neuer" Sänger im Chor, und die Fuge ist für ihn noch zu schwierig.

4 Der Domesticus schaut nach, ob alle Jungen ordentlich aussehen und Kamm und Taschentuch bei sich haben.

5 Die ersten Besucher sitzen schon in der Kirche, wenn Benjamin zum zweiten Mal an diesem Tag hereinkommt.

6 Er begrüßt seine Eltern vor dem Konzert.

7

1 Der Junge vor ihm ist größer als er.
Sein Vordermann überragt ihn um einiges.

2 Wir proben die Kantate zusammen.
Gemeinsam wird nun die Kantate geprobt.

3 Nach der Probe gehen wir ins Alumnat, wo wir uns umziehen.
Nach der Probe geht es zurück ins Alumnat zum Umziehen.

4 Zum ersten Mal zieht er seine Kieler Bluse an.
Das erste Mal schlüpft er in seine Kieler Bluse.

5 Das ist Tradition.
Das ist von jeher Brauch.

6 Die ersten Motettenbesucher sind schon hineingekommen.
Die ersten Motettenbesucher haben sich bereits eingefunden.

8 14.30 Uhr: Die Motettenprobe in der Thomaskirche **begann**. Ich **kannte** genau den Platz, an dem ich zu stehen **hatte**. Mein Vordermann **überragte** mich um einiges, aber das **machte** nichts aus.

Nach der a cappella-Probe **kamen** das Gewandhaus-Orchester und die Solisten. Gemeinsam **wurde** nun die Kantate geprobt. Bei der Kantate **gab** es eine besonders komplizierte Fuge, und deswegen **durfte** ich sie noch nicht singen.

Nach der Probe **ging** es zurück ins Alumnat zum Umziehen. Nun **war** es soweit. Als ich an diesem Tag zum zweiten Mal in die Kirche **trat**, **begrüßte** ich meine Eltern. Dann **fing** das Konzert an.

9 Your version should look something like this.

Die Thomaner stehen um dreiviertel sechs (5.45 Uhr) auf. Nachdem sie sich gewaschen und angezogen haben, frühstücken sie im Speisesaal des Alumnats. Der Unterricht in der Thomasschule beginnt um halb acht (7.30 Uhr). Der Morgen sieht so aus: Zuerst gibt es Unterricht, um Viertel nach neun (9.15 Uhr) ist eine Pause, und dann ist bis zum Mittagessen wieder Unterricht.

Die Thomaner essen um dreiviertel zwei (13.45 Uhr). Um halb drei (14.30 Uhr) gehen die Thomaner für die Motettenprobe in die Thomaskirche. Um fünf Uhr (17.00 Uhr) gehen sie ein zweites Mal in die Thomaskirche, diesmal für die Aufführung der Motette. Bei der Aufführung sind viele Eltern dabei.

Lerneinheit 9   p138

1 The girls' band rehearsal takes place in a large house. (in a large room, where they can be noisy).

2 The girls play pop music.

3 Every fortnight they start a new song.

2

1 Seid ruhig! (*Remember that* sein *is 'to be' in English and you are using the informal plural form*)

2 Räumt auf!

3 Lucy, mach die Hausaufgaben! (*you are using the singular here*)

4 Friederike, rauch nicht!

5 Lucy, komm nicht am Samstag!

6 Lucy, wenn du mehr Hausaufgaben hättest, würdest du mehr lernen.

7 Friederike, wenn du besser singen könntest, wärest du erfolgreicher.

8 Lucy, wenn du ruhiger wärest, könntest du hier proben.

3

1 Cabaret comes from France.
„Kabarett ist eine Theaterform, die im letzten Jahrhundert in Frankreich entstanden ist …"

2 It has been popular in Germany since the 1920s.
„… und dann in den zwanziger Jahren in Deutschland übernommen wurde."

3 „Nichts ist unmöglich".

4 The show is about advertising and consumption.
„… um Werbung und Konsum, zwei relativ neue Phänomene im Leipziger Alltag."

5 You could eat and drink in the bar.
„Unsere Gaststätte verwöhnt Sie auch nach der Vorstellung weiter mit Speisen und Getränken."

6 The cabaret says the west Germans are not as stupid as they look.
„Unsere lieben westdeutschen Freunde sind gar nicht so dumm … wie sie aussehen."

4

	RICHTIG	FALSCH
1 „Kartenvorbestellungen sind bei uns **ganztags** telefonisch möglich."	☐	☒
2 „Kartenvorverkauf von 10 Uhr bis 18.30 Uhr **und** an der Abendkasse."	☐	☒
3	☒	☐
4 „Information bei uns nach der Vorstellung **oder** unter Leipzig 200849."	☐	☒
5 „Unsere Gaststätte verwöhnt Sie auch nach der Vorstellung weiter mit **Speisen** und Getränken."	☐	☒
6	☒	☐

5

1 die „academixer"

2 „Nichts ist unmöglich"

3 unterhalten

4 „Unsere lieben westdeutschen Freunde"

5 Werbung

6 Kartenvorbestellung means advance booking, Kartenvorverkauf advance sales.

6

Ich habe vor …

a in die Oper zu gehen.

b ins Musikinstrumenten-Museum zu gehen.

c ins Mendelssohn-Haus zu gehen.

d ins Neue Gewandhaus zu gehen.

e in die Thomaskirche zu gehen.

f ins Bach-Museum zu gehen.

g ins Schiller-Haus zu gehen.

7

This is how your letter might sound.
Liebe Uta, lieber Walter,
wie geht's euch? Ich hoffe, es geht euch gut.
Zur Zeit bin ich in Leipzig, und ich habe ein volles Programm! Am Mittwoch war ein Jazzkonzert im Sportstadion. Es war ganz toll. Am Donnerstag bin ich in die Oper gegangen. Es war eine Aufführung der „Zauberflöte" von Mozart – immer gut.

Am Freitagabend bin ich in die Thomaskirche gegangen. Der berühmte Thomanerchor hat eine Motette von J S Bach gesungen – es hat mir sehr gut gefallen.

Am Samstag habe ich zufällig Musik in einer Passage gehört. Drei Mädchen haben Werke von Mendelssohn auf der Geige, dem Cello und der Querflöte gespielt. Mir hat es sehr gefallen. Am Sonntagabend bin ich zu einer Kabarett – Vorstellung von den „academixern" in ein Kellertheater gegangen. Es war toll!

Das wär's. Schreibt bitte bald!

Viele Grüße,

8 Model answers are provided in *Hörabschnitt 10*, and the written version is in the transcript booklet.

Lerneinheit 10 p146

1 **Frau Wazslawek**

1 Sie ist **oft mit Freunden zusammen**.

2 Sie macht **verschiedene Dinge**.

3 Sie spielt **Gitarre**.

4 Sie **singt** oder **geht schwimmen**, schaut **einen Film** an, geht **Leute besuchen**.

Herr Mayerhofer

5 Er **hat** als Hobby **kochen**.

6 Er hat das früher **nur am Wochenende gemacht**.

7 Er hat die ganze **Küche übernommen**.

8 Er kocht **deutsche und internationale** Küche.

9 Er hat **das Weihnachtsgebäck selber** gebacken.

Frau Heilig

10 Sie **unternimmt** gern **mit Freunden** etwas zusammen.

11 Sie macht **Ausflüge** und **kreative** Sachen.

12 Sie **bastelt** mit Naturmaterialien.

2 Stellen Sie sich **vor**, die Frau Wazslawek **hat** wirklich zu viel **Zeit**. Sie hat jeden **Nachmittag** (Abend/Tag) frei und in **ihrer** (der) Wohnung gibt es nicht **viel** zu tun. Sie **geht** (fährt) oft mit

Freundinnen **oder** (und) gar mit Herrn Baumann spazieren. Die kann **man** oft im Wald **zusammen** sehen. Herr **Mayerhofer** kocht ja sehr **gern** (viel). Seitdem er Rentner **ist**, kocht er fast **den** ganzen Tag. Sogar **das** Weihnachtsgebäck hat er **gebacken** (gemacht). Aus diesem Grund **ist** er fast nur **in** Lebensmittelgeschäften zu sehen **oder** aber freitags auf **dem** Markt. Na, und **die** Frau Heilig, die **kümmert** sich um nichts! **Sie** lässt einfach im **Haus** alles liegen, nur **damit** (so dass) sie mit Naturmaterialien **arbeiten** (basteln) kann. Ich bitte **Sie**, was soll das **heißen**? Naturmaterialien? Ihr Garten **sieht** unmöglich aus! Das **ist** doch auch Natur. **Wofür** ich mich interessiere? **Einfach** (eigentlich) für alles!

sich kümmern um (+acc) *to take care of*

3 1 Seit drei Wochen bin ich Rentner. (*You should use the present tense, as you are still a pensioner.*)

2 Mein Freund ist seit drei Jahren in Tübingen. (*Again, the assumption is that he is still in Tübingen, so the present tense is correct.*)

3 Seitdem ich aus London zurückgekommen bin, trinke ich gern Tee. (*You are no longer in London, hence the perfect tense, but you enjoy drinking tea, so use the present tense.*)

4 Seitdem ich Deutsch lerne, spreche ich jeden Tag Deutsch. (*You are still learning German and you speak German every day, so both are in the present tense.*)

4 1 It takes up a lot of time.

2 It does not leave much time.

3 I have a lot of time for my friend.

4 It takes up a lot of time.

5 You have to allow yourself time.

6 Time is a great teacher. It's just a shame that it kills its pupils.

7 To have time means knowing what you want and don't want to spend time on.

5

1 Ich hoffe doch Zeit **zu haben**, **um** ein bisschen **zu reisen**.

2 Ich habe vor, um die Welt **zu reisen**.

3 Ich wollte mit Naturmaterialien **arbeiten**, **um mich zu entspannen**.

4 **Um** in die Tschechei **zu fahren**, muss ich Geld **wechseln**.

5 Wir haben vor, unser Haus **zu renovieren**.

6 Ich kann nicht nach Hagelloch **fahren**, weil ich keine Zeit **habe**.

Remember that after a modal verb, (here: wollte, muss, kann), you do not need zu.

Um … zu … is the equivalent of 'in order to'.

6

1066	Tausendsechsundsechzig
1789	Siebzehnhundertneunundachtzig
1866	Achtzehnhundertsechsundsechzig
1871	Achtzehnhunderteinundsiebzig
1918	Neunzehnhundertachtzehn
1945	Neunzehnhundertfünfundvierzig
1996	Neunzehnhundertsechsundneunzig

7

1685 Bach was born in Eisenach
17. und 18. Jahrhundert Many members of the Bach family were organists and musical directors in many towns
1703 Bach became violinist at the court chapel of Weimar and in the same year became organist and choirmaster in Arnstadt
1723 Bach took over as choirmaster at the Thomanerchor school, a post which he held until his death
1750 Bach died
17 Bach claimed that only 17 out of 54 choir boys could sing
zweimal He was married twice.
elf He had eleven sons.
neun He had nine daughters.

Lerneinheit 11   p150

1

	RICHTIG	FALSCH
1 „*Niedrige und hohe Gebirgszüge wechseln mit Hohenflächen, Hügel-, Berg- und Seenlandschaften sowie weiten, offenen Ebenen.*"	☐	☒
2 No, the description of Germany's physical features makes it clear that both north and south are varied.	☐	☒
3	☒	☐
4 „*Im Norden prägen seenreiche, hügelige Heide- und Moorlandschaften das Bild.*"	☐	☒

Note the false friends:
der See = lake but *die See* = sea, ocean.

	RICHTIG	FALSCH
5	☒	☐
6 „*Die Mittelgebirgschwelle trennt den Norden Deutschlands vom Süden.*"	☐	☒
7 „*Zum süddeutschen Mittelgebirgstufenland gehört u.a. auch der Schwarzwald …*"	☐	☒
8	☒	☐
9 „*Die deutsche Sprache … ist mit der dänischen, der norwegischen und der schwedischen Sprache, mit dem Niederländischen und Flämischen aber auch mit dem Englischen verwandt.*"	☐	☒
10 „*Deutschland ist reich an Mundarten.*"	☐	☒

	RICHTIG	FALSCH
11 „*Wenn ... ein Mecklenburger und ein Bayer sich in ihrer reinen Mundart unterhielten, hätten sie große Schwierigkeiten, einander zu verstehen.*"	☐	☒
12 Halb richtig: „*... hatte sich in beiden deutschen Staaten ein unterschiedlicher Wortchatz und Sprachgebrauch entwickelt, obwohl der Grundwortschatz und die Grammatik gleich blieben.*"	☐	☐
13 „*Die deutsche Sprache wird zudem in anderen Ländern gesprochen ...*"	☐	☒
14	☒	☐
15 „*... rechnet man noch mit einer deutschsprechenden Bevölkerung von fast 2,5 Millionen Menschen in den Ländern Osteuropas.*"	☐	☒
16	☒	☐

2

1 Frauen wollen den Männern die Wildnis nicht allein überlassen.

2 In Finnisch-Lappland wird mit Motor- und Rentierschlitten gereist.

3 Man übernachtet in Hütten und beheizten Zelten.

4 Mehr als tausend Menschen möchten dabei sein, wenn die ersten Touristen zum Mond fliegen.

5 Sogar ein Liebespaar möchte die Flitterwochen bei „Frau Luna" verbringen.

6 Man kann sich für eine Mondreise bei Thomas Cook anmelden

7 Reisen in den Fernen Osten werden immer billiger.

8 Die chinesische Hauptstadt lockt mit Kurzreisen zum Einkaufen.

9 Es gibt Antiquitäten, Porzellan und Seidenstoffe im Angebot.

3 Check your answers against *Hörabschnitt 12* and the written version in the transcript booklet.

4 Wenn ich nach Finnland reisen **könnte**, **würde** ich mit Rentierschlitten reisen. Ich **würde** in einem beheizten Zelt übernachten. Wenn ich aber mondsüchtig **wäre**, **würde** ich mich bei Thomas Cook für eine Mondreise anmelden. Wenn ich und meine Frau noch ein Liebespaar **wären**, **würden** wir dort unsere Flitterwochen verbringen. Wenn aber die Reisen nach Peking billiger **wären**, **würde** ich dort mein Porzellan kaufen.

5 Here is a suggested version – yours may be different.

Wenn eine Reise nach London billiger wäre, würde ich dort meine Flitterwochen verbringen. Ich würde im Savoy übernachten und einen Einkaufsbummel in Knightsbridge machen. Ich würde natürlich bei Harrods Porzellan und Seidenstoffe aus Peking kaufen. Wenn ich etwas mehr Geld und Zeit hätte, würde ich mich jetzt bei Thomas Cook anmelden und die Reise buchen.

6 The poem is given in full in the transcript booklet.